Marcus E. Levski

Die Goldene Stadt im Untersberg

Roman

... inklusive Bildteil

Marcus E. Levski

Die Goldene Stadt im Untersberg

Roman

... inklusive Bildteil

„Die Goldene Stadt im Untersberg"
Erste Auflage August 2016

Ancient Mail Verlag Werner Betz
Europaring 57, D-64521 Groß-Gerau
Tel.: 00 49 (0) 61 52/5 43 75, Fax: 00 49 (0) 61 52/94 91 82
www.ancientmail.de
Email: ancientmail@t-online.de

Foto: Sofern nicht anders vermerkt, Maxim Niederhauser
Umschlagfotos: Mario Rank, Maxim Niederhauser
Umschlaggestaltung: Mario Rank

ISBN 978-3-95652-177-5

… ein kleines Stückchen Zauberwald

… für Marina

Über den Autor:

Marcus E. Levski wurde in Russland geboren und schreibt als Pseudonym. Die ersten Lebensjahre verbrachte er in ländlicher Umgebung. Seine Schulzeit und die Ausbildung zum Techniker sowie Diplome zu Human-Energetik, Bautechnik und Projektmanagement absolvierte er in Linz/Oberösterreich.

Aufgrund seiner spirituell-russischen Wurzeln und langjährigen Erfahrungen im mittleren Management entwickelte der Autor eine ausgeprägte Faszination für den Konnex zwischen Wissenschaft, Mystik und Religion. Angesichts der Tatsache, dass alles zusammengehört, letztendlich desselben Ursprungs ist, nur ein scheinbares Paradoxon. Um diese Themenkreise gruppieren sich die Kulissen Marcus E. Levskis Bücher.

Mehr Informationen zum Autor: www.marcus-levski.at

Das Paradox. Ist falsch nun falsch oder wahr und falsch? Existiert jenseits unseres Bewusstseins eine in sich widersprechende, dabei ambige Logik im Zusammenhang von Wissenschaft und Logik einerseits, Gefühl und Spiritualität andererseits? Dieses den menschlichen Geist begründende, also auch das Denken und Fühlen des Autors bestimmende Paradoxon ist Fundament und Füllhorn seiner Romane.

Die Kulisse. Vieles ist Geheim und nicht für den Verstand gedacht. Vieles sollte auch im Verborgenen bleiben! Jedoch manches sollte veröffentlicht werden! Einiges sollte jedoch im Paradox der Kulisse zur wahrhaftigen Denkweise führen.

Anmerkungen des Autors

Hinweise auf Orte, Höhlen am Untersberg und andere Kulissenplätze, beruhen auf Tatsachen, einschließlich ihrer genauen Lage. Man kann diese auch besichtigen.

Die Bruderschaft der Freimaurer und die Gesellschaften der VRIL sowie der Illuminaten existieren ebenfalls.

Der Besuch der beschriebenen Plätze am Untersberg sowie die Nutzung des bereitgestellten Kartenmaterials sind nur mit Bergerfahrung und Schwindelfreiheit anzuraten!

Es bleibt dem einzelnen Leser überlassen, zu beurteilen, was er als Tatsache anerkennen möchte! Charaktere und deren Handlungen in meinem Buch sind teils frei erfunden und stellen, auch bei „zufälliger“ Namensgleichheit, in keiner Weise das Verhalten oder die Eigenarten realer Personen dar.

Danksagung

Danke an:

Erich Kriat, der mir bei den Recherchen und den abenteuerlichen Ereignissen stets dabei half, mich nicht im Sog der dunklen Seite des Berges zu verlieren.

Peter Lichtkoppler, der mir jahrelang als Wegbereiter wie Energetiker zur Seite stand und mir Kraft und Ausdauer in dunklen Zeiten lehrte.

Christian Martin, der mich ebenfalls mit Informationen versorgte.

Rainer Limpöck, (Heimatforscher) alias R. L., der mir in seiner Arbeit als Heimatforscher und Buchautor mit seinen Büchern wie Feststellungen bei meinen Recherchen rund um den Untersberg geholfen hat.

Dr. Prof. Petrizut (Universität Wien), alias Prof. Claras, der mir mit Informationen im Zusammenhang mit den Geheimgesellschaften rund um das Thema zur Seite stand sowie mich bei den Expeditionen unterstütze und meine erste Informationsquelle bei zahllosen Fragen war.

Daniel H. alias Daniel, der mich bei einigen Recherchen tatkräftig unterstützte.

Sonstige Quellen, die nicht genannt werden wollen, die mir aber zahlreiche wertvolle Einblicke zu den Themen des Romans gewährt haben.

Den Anhängern der Geheimgesellschaften, deren Namen nicht genannt werden können.

Den Einwohnern und der Museumsleitung von Fürstenbrunn, die ich zu diversen Themen rund um den Untersberg und den Mythen wie Sagen, die der Berg beinhaltet, interviewen durfte.

Mein besonderer Dank gilt:

Meiner Frau und meinen Kindern, die mich bei meiner doch sehr zeitintensiven Arbeit als Buchautor stets unterstützten.

Meiner lieben kleinen Schwester, die im Jahr 2015 leider von uns ging. Ihre Träume von einer liebevolleren Welt begleiten mich heute noch in meinen Texten.

Inhalt

Seite 11	Prolog
Seite 13	Einleitung
Seite 15	Eine dunkle Vergangenheit
Seite 21	Die Pyramidenforschung
Seite 27	Gedanken und Hinweise
Seite 35	Der Untersberg und die Goldene Stadt
Seite 50	Ein alter Freund
Seite 59	Der Berg als Spiegel
Seite 82	Eine Dunkle Seite
Seite 101	Eine klare Erkenntnis
Seite 107	Die Entscheidung des Herzens
Seite 115	Das Geschenk vom Mönch
Seite 131	Schlusswort
Seite 135	Bildteil
Seite 147	Quellennachweise

Prolog

Eine in Eisen gegossene Schriftrolle mit roten Bändern an der Seite, Fragmente von altem Papier und lateinischer Inschrift, dieses Relikt aus alter Zeit wurde in den Ruinen einer griechischen Kirche gefunden. Nach der erfolgreichen Übersetzung und Entschlüsselung dieser Schriften begannen auch die Recherchen zu deren mysteriösem Inhalt. Verweise auf alte Prophezeiungen führten schlussendlich zum Untersberg (Mitternachtsberg) wie auch zu diesem Roman.

„Nicht die Texte in diesem Roman sind der Hinweis auf die entschlüsselte Schriftrolle, sondern die Botschaft, die diese Geschichte enthält.“ Marcus E. Levski

Die Phase des aktiven Umbruchs hat begonnen! Es liegt an jeden einzelnen wie dieser Umbruch sich entfalten wird!

Fakt ist: Der Untersberg birgt sehr viele Geheimnisse. Es handelt sich um eine Welt, wo Verschwörungen und Mystik wie Geheimnisse und Realität miteinander verschmelzen.

Realität: Wenn du akzeptieren kannst, dass die Grenzen von dem was wir „Realität" nennen, fließend sind und Sagen, Mythen wie Verschwörungen ein Quäntchen Wahrheit beinhalten, dann solltest du dieses Buch mit einem starken Nervenkostüm lesen!

Die Botschaft: Am Platz des Herzens haben wir die Wahl uns zu entscheiden! *„An sich ist nichts weder gut noch böse, das Denken macht es erst dazu" (William Shakespeare)*

Zitat: *„Der Untersberg als Herzchakra der Welt." (Dalai Lama)*

Einleitung

Es war an einem sommerlichen Dienstag 2016. Ich trat an meine Haustüre, nahm meinen Schlüssel aus der Jackentasche und schloss die Türe auf. Beim Eintreten in die Türe blickte ich nochmals hinaus, so, wie ich es immer machte. Ich ließ alles draußen, jeglichen Gedanken und sämtliche Anspannung, die mich den ganzen Tag begleitet hatte. Als ich die Haustüre wieder hinter mir schloss, kam auch schon mein Kater angerannt und schnurrte mich an.

„Hallo Jeff, wie ging's dir heute denn so den ganzen Tag?“, begrüßte ich den Kater.

Der Kater sah mich an und legte sich vor meine Füße. Nach Reden war ihm wohl nicht zumute. Ich zog meine Schuhe aus und legte meine Jacke neben den Kleiderständer, dann ging ich den Flur entlang und setzte mich an den Küchentresen, um etwas durchzuschnaufen. Kaffeemaschine und Radio, das fehlte mir jetzt.

Also erhob ich mich, um meinem Verlangen nachzukommen, und machte mir einen Kaffee zur Stärkung und schaltete Musik ein zur Entspannung. Als ich nun da saß, hörte ich am Fenster das Klopfen von Regentropfen und bemerkte, wie der Wind verstummte, den ich beim Hereingehen gehört hatte. Ich ging zum Fenster, um einen Blick nach draußen zu werfen und sah, dass der Himmel schwarz wurde. Ein Gewitter zog auf und es wurde kalt. Es war gegen 20:00 Uhr, eine ganz normale Zeit für mich, nach Hause zu kommen. Ich dachte wieder an den heutigen Tag zurück, als ich vor der Menschenmasse stand und meinen Vortrag über die Reise nach Chile hielt. Es war auch in Gedanken immer noch spannend, darüber nachzudenken, wie uns das Militär am Flughafen des Landes verwiesen hatte. Ja, der Professor und ich.

Ich musste etwas schmunzeln und dachte derweil an meine Reisenotizen, die im Keller lagen. Ich überlegte, ob ich diese schnell holen sollte, um einen Blick darauf zu werfen. Nur so, als Erinnerung an die

Vergangenheit. Jedoch als ich mich zu strecken begann und ich gähnen musste, entschloss ich mich dazu, ins Wohnzimmer zu gehen, um mich wohlverdient auf meine Couch zu legen und den Fernseher einzuschalten. Ich ging also die Stufen hoch in mein Wohnzimmer. Der Kater folgte mir stillschweigend, dann legte ich mich für einen kurzen Augenblick auf die Couch und schloss die Augen. Gedanken über mein Dasein und über meine Vergangenheit umkreisten mich!

Der Kater wollte offensichtlich daran teilhaben und legte sich auf meinen Bauch, um zu schlafen. Diesen ruhigen und behüteten Moment genoss ich jedes Mal. Frei von Hektik und Anspannung wie den Aufgaben, die jeden Tag aufs Neue darauf warten, gelöst zu werden.

EINE DUNKLE VERGANGENHEIT

Es begann alles vor zehn Jahren. Ich hatte einen Tag, der nicht gerade der beste war in meinem Leben. Ich war Manager in einem Produktionsunternehmen, und das mit 28 Jahren, und ich hatte etwa 400 Mitarbeiter unter mir. Ich war stolz darauf, dass ich das geschafft hatte, was mir meine Akademikerfamilie vorgelebt hat. Ich hatte drei Autos, davon einen neuen Volvo, den ich gerne benutzte. Mein Haus hatte ich vor drei Jahren fertiggestellt. Es war eher eine kleine Residenz. In meinem Leben kümmerte mich keine Liebe, kein Gefühl und keine Scham. Ich hatte alles geschafft, was ich wollte, und, ja, ich muss es sagen, ich war ein egoistischer Mensch, der über Leichen ging. Ich nahm auf nichts und niemanden Rücksicht und lebte nur mein Leben mit all den Dingen wie Sex, Geld, Autos, Partys und was sonst noch so dazu gehört zu einem Singledasein, natürlich das alles im großen Stil.

Ich habe nicht viel Familiäres zu berichten. Außer, dass ich in eine Eliteschule gesteckt wurde, um die Ziele zu erreichen, die sich mein Vater für mich gesteckt hatte. Alle Fantasien eines kleinen Jungen waren mir im Prinzip genommen worden, und ich wurde einer von jenen, die für Geld alles machen und sich dessen rühmen – die ihr Herz verschließen und niemals über Ihre Taten nachdenken. Selbst im eigenen Betrieb wurde ich entsprechend geachtet. Angst oder Respekt oder beides, ich weiß es nicht genau. Ich war bekannt für meine gnadenlose Vorgehensweise im Leben. Bis mich der Tod meiner Schwester aus dem Leben riss und ich alles überdenken musste wie auch von neuem beginnen durfte. Ich erinnere mich noch genau an diesen Tag.

An dem Tag, als meine Schwester starb, stand mir ein normaler Arbeitstag bevor. Ich stand früh auf, trank meinen Kaffee und fuhr wie gewohnt ins Büro. Es war ein Freitag. Im Büro angekommen bemerkte ich, dass es heute trotz allem irgendwie seltsam war. Ich verschüttete gleich mal meinen Kaffee über die Tastatur, als ich meinen PC eingeschaltet hatte. Es war seltsam, da ich merkte, dass mich irgendetwas aufwühlte. Ich war jedoch so im Moment gefangen, meine nächsten

Arbeitsschritte zu vollziehen, dass ich nicht einmal merkte, wie es in mir innerlich zu Kochen begann. Ja, dieses Gefühl der totalen Zerrüttung, das mich umgab. Ich konnte nicht mal die kleinsten Dinge in eine Struktur bringen. Irgendetwas hatte mich aus meinem täglichen Konzept gebracht.

Mich begleitete dieses Gefühl den ganzen Vormittag. Ich hatte teilweise den Gedanken, dass ich eine Auszeit benötigen würde, vielleicht war dies der Grund, warum ich so zerrüttet war. Eine Zerrissenheit, die aus dem tiefsten Innersten kam und die mich lahm legte, gleich nach dem kurzen Gedanken an die Auszeit. Ich konnte dieses Gefühl nicht einordnen und versuchte eben weiterzumachen und das Beste daraus zu machen. Als ich trotz allem die Vorbereitungen für meinen Nachmittagstermin im Büro traf, klingelte mein Telefon und die Nummer meiner Mutter war auf dem Display des Smartphones zu sehen. Ich überlegte anfangs, ob ich das Gespräch annehmen sollte.

Ich hob des Öfteren nicht ab, da ich keine Lust hatte, mit ihr zu sprechen. Dies war auch am Vorabend so, als sie angerufen hatte. Als ich nun aber abhob, meldete sich eine andere Person mit einer zittrigen Stimme. Sie fragte mich andauernd, wo mein Vater wäre. Nach drei- oder viermaligem Erklären, dass dieser schon vor Jahren gestorben sei, riss mir der Geduldsfaden. Ich hatte auch das komische Gefühl, dass etwas nicht wie gewohnt war. Sie sagte mir, dass meine Schwester gestorben und meine Mutter zusammengebrochen sei. Ich weiß nicht mehr, ob ich in diesem Telefonat mit meiner Mutter sprach. Ich war in einen kurzen Schockzustand gefallen. Danach rannte ich wie ein Irrer zu meinem Auto. Ich betätigte das Zündschloss und trat aufs Gas.

Gedanken kreisten in meinem Kopf, nicht logisch und nicht nachvollziehbar. Tränen brachen aus, Schüttelfrost überkam mich …

Ich dachte an all die Ereignisse zurück, die mich im jetzigen Dasein formten, und die mich unter anderem auch sehr leiden ließen. Und die auch nicht ganz ungefährlich waren und mir darüber hinaus sämtliche Beziehungen mit Frauen und Familienbindungen zerstörten. Jetzt, als

„spiritueller Krieger", wie ich mich nennen durfte, schwelgte ich nun in meinen Gedanken weiter ...

Nach diesen Ereignissen, die mich aus der Lebensbahn warfen und meine Einstellungen um 180 Grad gedreht hatten, hatte ich eine Reise nach Griechenland unternommen. Wie sich herausstellte, sollte ich nach dieser Reise ein Anderer werden. Gepeinigt vom Leben und dem Schicksalsschlag, den ich erfahren musste, hatte ich zur damaligen Zeit alles liegen und stehen gelassen, um mein Leben zu verlassen und diesem zu entrinnen! Nach dem Tod meiner lieben Schwester und einigen haarsträubenden Erlebnissen in der Firma, die mich in eine tiefe Depression fallen ließen, begann mein Weg in die Selbstfindung. Nach Griechenland!

Ich erinnerte mich daran zurück, wie ich dort angekommen war. Es war wie eine andere Welt. Ich lag immer noch in einer dunklen Wolke aus Wut und Depression in Bezug auf den Tod meiner Schwester. Als ich in diesem schönen Land jedoch einen alten griechischen Priester kennenlernte, verschloss sich eine Tür zu meinem alten Leben. Er lehrte mich die Spiritualität und das wahrhaftige Sein! Zwei Jahre lang lebte ich die Kunst der Liebe und der Selbstfindung, ging durch meine Schatten und sah meine Dämonen. Löste diese auf in meinem selbstzerstörerischen Eifer, und es wurde ruhig und schön am Himmel, den ich danach beobachten konnte. Ich erhielt eine Tätowierung als Zeichen des Kriegers. Ein Ritual, das ich machen musste, um den Weg des spirituellen Kriegers gehen zu können. Eine Prozedur in geschütztem Rahmen mit Einheimischen aus dieser Gegend.

Auch an die Erlebnisse in Großbritannien und meinen persönlichen Kampf gegen meine Heimat und meine Wurzeln erinnere ich mich. Ja, auch diesem musste ich mich stellen in dieser Lehre der alten Griechen. Ich erinnere mich des Weiteren an die Insel Saria in Griechenland. Drei Monate lebte ich auf diesem Berghügel mit mir alleine und den Ziegen sowie dem Staub in dieser Gegend. Warum? Um mich selbst zu finden in einem der Anfangsprozesse der Lehren des Priesters ... Schon vier Monate war es ruhig um mich, und ich fragte mich, welches Abenteuer wohl als nächstes auf mich wartete. Was ich daraus lernen durfte und wie ich meine Mitmenschen daran teilhaben lassen konnte.

Ja, ich verdiente meinen Lebensunterhalt seit drei Jahren damit, den Menschen Informationen in Form von Filmen, Dokumentationen und Büchern zu liefern, alles in Bezug auf die Wahrhaftigkeit des Seins und den Umbruch, den wir erleben und in dem wir allesamt gerade drin stecken und den wir auch spüren, wir, die Nachrichten weltweit mitverfolgen können. Meine Augen fielen langsam zu, als ich da auf der Couch lag, und ich glitt dahin in eine Welt der Fantasie in meinem Traum ...

Jetzt saß ich da oben in meiner Traumlandschaft und blickte hinunter auf die Milchstraße. So ein wunderschöner Anblick, der mich verzauberte! Ich fragte mich immer wieder, wie es da unten wohl wäre, zwischen den Sternen und den Planeten zu sein. Zwischen den galaktischen Wolken und den Meteoriten zu schweifen. Die Farben dieser Galaxie zu spüren und sie zu berühren. Ich hege diesen Traum des Öfteren, ja, ich blicke ständig in diese Pracht und denke an die schöne Erfahrung, die ich machen könnte in diesem Universum. Als Energie der All-Vaterschaft existiere ich nun in meinem fixen Standort als Wächter und Fixpunkt für einen bestimmten Zweck.

Ich blicke nach rechts und nach links und stelle fest, dass ich ein Teil der ganzen Geschichte bin, die geschrieben wurde oder erst geschrieben wird. Ich sehe mich um und stelle fest, dass ich einer Bestimmung folge, die mir vorgegeben wurde, um mein Ziel zu erreichen. Das Ziel, das ich noch erreichen werde, um auch den fixen Platz im Universum einnehmen zu können, um ein Teil des Ganzen werden zu können und um meinen Beitrag zu leisten! Ich bin gerade geboren. Ich bin gerade hier und trete mir und meinem Schöpfer gegenüber, um auch hierbei zu erfahren, wer ich wirklich bin. Die Kunst zu begeistern benötigt es nicht. Nein, es ist das Gefühl, das alles sagt. Das allumfassende Gefühl, Eins zu sein mit der Wirklichkeit des Ganzen, wärmend und kühlend zugleich. Verstanden und geliebt zu werden. Ich stehe der Schöpfung gegenüber und kann dies nicht in Worte fassen! Es ist das Gefühl, wie schon beschrieben, in der Ewigkeit der Sterne selbst ein Stern zu sein, eine Wolke zu sein. Ja, das wird mir bestätigt. Ja, ich bin Energie. Ein geborener Lichtpunkt, der noch sehr schwach leuchtet.

Die Erfahrungen, die ich machen möchte, sind die, die mich bei meinem ersten Anblick entzückten. Es ist die Milchstraße in ihrer vollkommenen Form. Ich versuchte, die Schöpfung zu fragen, doch dies war nicht notwendig. Denn als ich mich nach dem Staunen über die Gegend, in die ich hineingeboren wurde, das zweite Mal an die Milchstraße erinnern wollte, wurde ich plötzlich wie ein Ball aus dieser leuchtenden Staubwolke, wo ich geboren war, hinausgeschleudert ... Und ich fand mich im schwarzen Raum wieder. Ich stand am Rande des Sonnensystems der Erde. Der erste Anblick faszinierte und erstaunte mich zugleich. Ich sah eine etwas größere Kugel, die anscheinend von fünf kleineren umgeben war. Bewegung war auch im Spiel. Und das Leben, das Leben als solches, da sich alles bewegte in diesem Raum, in dem ich mich befand. Ich versuchte zu verstehen, was dies nun sei.

Als Lichtpunkt versuchte ich, mich zu nähern und zu erkunden und zu beobachten. Als ich dieser Kugel, die so scheinbar alleine im Universum schwebte, näher kam, passierte Folgendes, ich erinnerte mich an etwas ... Ich sah den Planeten Pluto. Dieser Planet hatte nichts anderes zur Aufgabe, als eine Bestimmung zu sein. Ja, die Bestimmung zu sein, die ich noch nicht hatte bzw. habe! Ich sah es ganz deutlich, und zwar in den Bildern, die ich plötzlich in diesem Lichtgürtel sah und empfand.

Ich sah Lebewesen, die auf einem Planeten lebten.

Die Menschen. Sie waren Lichter, wie auch ich eins bin. Nur hatten auch diese Lichter ihre Bestimmung gefunden. Zu lernen aus der Schöpfung, in die Schöpfung. Sie lernten die Dinge, die sie sich vor der Menschwerdung aussuchten. Der Grund war kein anderer als der, um wieder zu Ihrem Schöpfer zurückkehren zu können und auch Teil der ganzen Schöpfung zu werden. Teil der farbigen Kette zu werden, um das Licht wieder weiterzutragen an andere und neue Empfänger. Jedoch wurden die Menschen als dieses auf die Erde geboren, wie auch ich als Licht in das Universum geboren worden war – so wurden auch diesen Menschen Hilfestellungen geschenkt. Unter anderem die Vielfalt der Planeten. Unter anderem auch diesen Pluto. Es wurden die Planeten von den Menschen in Geschichten überliefert, wo Pluto nur die Aufgabe hat, den Menschen an die Wandlung und Leidenschaft zu erinnern, ihnen Regeneration und höhere Macht näherzubringen.

Pluto ist des Weiteren auch der Herr der Unterwelt, wie sie die Menschen bezeichnen, und verkörpert somit das Dämonische und Erotische in den Menschen. Dieses Böse hat die Erde, die wir kannten, in ein neues Zeitalter geschickt. Die Planeten, das Sonnensystem und all die Energie, die übergreifend arbeitet und sich bis zur Schöpfung erstreckt. Ja, alles hat das Goldene Zeitalter erreicht. Das Böse benötigt es nicht mehr. Es war der Zweck, den wir nun sehen. Das Ende des Bekannten, das Ende der Routine …

Ich öffnete kurz meine Augen. Dieser Traum hatte mich allem Anschein nach geweckt. Als ich mich etwas umsah, schloss ich meine Augen jedoch wieder, um weiterzuschlafen …

Plötzlich sah ich einen riesigen Berg vor mir, und ich schwebte in der Luft. Ein erstaunlicher Anblick. Der Himmel war blaugrün und etwas violett zugleich. Als ich in der Luft über dem Berg schwebte, versuchte ich, näher an diesen riesigen Stein heranzukommen. Plötzlich fiel ich herunter … hunderte von Metern, und mein Bauch drückte sich gegen meine Wirbelsäule und mir wurde schlecht …

Ich sprang von der Couch auf und war schweißgebadet. Ich sah mich um und musste mich ertasten, sodass ich sicher sein konnte, auch wirklich im Hier und Jetzt zu sein. Puh, dachte ich mir, alles nur ein Traum im Traum. Der Zusammenhang mit meiner Vergangenheit wurde mir bewusster. Vor allem durch die Bilder des Traumes. Durch den Pluto und die wunderbare Milchstraße, die ich erblickte. Von der grenzenlosen Schönheit zur Plutonischen Energie des Dämonischen. Ja, allem Anschein nach hatte ich meine Vergangenheit geträumt.

Die Pyramidenforschung

Es war 7:00 Uhr, als ich auf meine Uhr sah. Ich wusste, ich hatte in drei Stunden einen Termin mit einem Forscher, der über die Kraft von Pyramidensystemen schrieb und forschte. Ich überlegte, ob ich nun die Couch verlassen sollte, auf der ich am Vorabend eingeschlafen war, oder nicht. Ich bewegte langsam meinen Fuß und streckte diesen aus. Danach erhob ich mich und ging in Richtung Küche, um mir einen Kaffee zu machen. Noch nicht mal völlig munter, hörte ich mein Smartphone klingeln. Ich griff danach und war gespannt, wer mich um diese Zeit unbekannt anrief.

„Guten Morgen Herr Draft, hier spricht die Sekretärin von Herrn Dr. Weger. Ich wollte Ihnen nur kurz mitteilen, dass der Termin von 10:00 Uhr auf 9:00 Uhr verschoben wurde.“

Ich war diesbezüglich ganz verwundert:

„Oh hallo, nun ja, ist schon OK. Dann bin ich um 09:00 Uhr bei Ihnen im Büro“.

Absagen konnte ich ja nur schlecht, da dieser Termin ein trotz allem sehr wichtiger war für meine Forschungen! Ich beeilte mich also mit meiner Morgenwäsche und zog mir noch schnell eine Zigarette rein, bevor ich mich auf den Weg nach Wien machte. Nach einer zweistündigen Autofahrt musste ich mich wieder mal über den Verkehr ärgern, der hier in Wien herrschte. Ich sah auf mein Navigationsgerät und hatte noch drei Minuten zu fahren. Perfekt!

Am Ziel angekommen, suchte ich mir einen Parkplatz in einer Nebenstraße des Büros von Herrn Dr. Weger. Ich schaltete den Motor ab und stieg aus, nahm natürlich mein Notizbuch mit und ging zielgerichtet zum Eingang des Bürogebäudes. Dort angekommen, öffnete ich die Tür und betrat den Vorraum, den Eingang des Bürogebäudes von Herrn Dr. Weger.

„Guten Morgen, ich habe einen Termin mit Herrn Dr. Weger“, begrüßte ich die Empfangsdame.

Die hübsche Dame, die ihren Platz hinter dem Tresen hatte, erwiderte: *„Oh Ja, bitte gehen Sie doch ins Büro von Herrn Dr. Weger, er erwartet Sie schon. Den Gang entlang und dann gleich rechts die letzte Türe .“*

„Danke sehr!“ Ich folgte der Wegbeschreibung der Empfangsdame. Am Büro angekommen, klopfte ich an der Türe von Herrn Dr. Weger und trat ein. Herr Weger öffnete die Türe, begrüßte mich freundlich und bat mich, am Besprechungstisch Platz zu nehmen.

„Ich freue mich, Sie hier begrüßen zu dürfen. Wir hatten ja schon am Telefon darüber gesprochen, dass Sie interessiert daran sind, eine Dokumentation über meine Forschungen und Ergebnisse zu verfassen und zu veröffentlichen.“

Ich antwortete ihm *„Ja genau, Herr Dr. Weger, wir haben schon darüber gesprochen! Bis auf das Formale und Geschäftliche würde ich heute gerne Ihre Notizen besprechen und mit Ihnen die Forschung durchgehen, so dass ich einen Ablauf für die weitere Dokumentationsreihe festlegen kann.“*

„Nun ja, Herr Draft, ich habe leider nur sehr begrenzt Zeit! Gerne kann ich Ihnen jedoch mein Notizbuch mitgeben, so dass Sie es sich ansehen, und wir machen dann einen Termin für die Produktionsreihe. Einverstanden?“ fragte er mich.

Ich sah Ihn ganz erstaunt an, da er mir ja für heute einen zwei-Stunden-Termin zugesagt hatte. In seiner Stimme hörte ich auch eine gewisse Ungeduld, mit einem Druckempfinden und etwas Unbehagen.

„Ja gerne, ich möchte Sie auch gar nicht länger aufhalten.“

„Dann hole ich es Ihnen schnell, und dann zeige ich Ihnen noch mein Forschungslabor zu diesem Thema.“

Er stand auf und ging zu seinem Schreibtisch. Dort öffnete er die obere Lade und gab mir seine Notizen in die Hand. Danach gingen wir in sein Labor, das er erwähnt hatte. Wir passierten den Gang bis zu einem Lift und fuhren mit diesem Lift zwei Stockwerke hinunter. Ich dachte einstweilen immerzu daran, wie das sein konnte! Eine unterirdische Laboranlage?

„Nun ja, Herr Draft, aufgrund der Tatsache, dass dieses Projekt eben vom Staat gefördert wurde, ist diese Einrichtung auf einer hohen Sicherheitsstufe. Deshalb wurde es auch vor drei Jahren unterirdisch weitergeführt."

Ich sah ganz verwundert in seine Augen und konnte nicht fassen, was er mir gerade gesagt hatte.

„Herr Dr. Weger, ich dachte, dies seien private Forschungen von Ihnen? Ich weiß nicht, ob ich verstaatlichte Forschungen so in dieser Form, wie wir besprochen hatten, an die Öffentlichkeit bringen kann!"

„Nun ja, Herr Draft, diese sind auch privat! Offiziell zumindest. Vor zwei Jahren stiegen die Deutschen aus dem Projekt aus. Damals erhielt ich eben eine staatliche Förderung für diese Anlage und arbeitete mit der Regierung zusammen. Jedoch wurde die ganze Anlage vor zwei Jahren privatisiert! Sie liegt jetzt in den Händen eines Schweizer Energieunternehmens, das auch in Amerika Fuß gefasst hat."

Ich sah Ihn fragend an und wollte meine weiteren Fragen an ihn richten. Doch da ging plötzlich die Türe des Lifts auf. Vier Männer in weißen Labor-Kutten gingen schnell an der Lifttüre vorbei. Sie sahen allem Anschein nach etwas gehetzt aus. Wie wenn sie vor etwas davonlaufen würden oder im Stress wären. Als ich aus der Lifttüre heraustreten wollte, versperrte mir Dr. Weger mit seiner linken Hand den Weg und drückte am Lift die Taste, die uns wieder nach oben fahren sollte.

„Herr Draft, es tut mir leid. Wir müssen die Sache etwas verschieben. Wir fahren wieder nach oben, und ich werde sie kontaktieren."

Ich sah an seiner Stirn, wie er in Schweiß und Angst ausbrach, mir dies jedoch nicht sagen und zeigen wollte. Begleitet von einem Gefühl der Angst, die sich jetzt auch bei mir ausgebreitet hatte, verstummte ich neben dem Dr. ohne zu hinterfragen, was wohl der Grund wäre für seine Entscheidung, nicht weiter nach unten zu gehen.

Jetzt merkte ich auch, dass der Dr. vor irgendetwas Angst hatte. Ich fragte mich, ob die vier Männer in den Labor-Kutten, wie auch der Professor, um Dinge wussten, die mir bis jetzt verborgen geblieben waren. Als wir oben ankamen, ging der Dr. zielgerichtet im Laufschritt in sein Büro und sagte mir mit ängstlicher Stimme, dass ich laufen sollte. Ich war kurzzeitig in Panik geraten, und mir wurde abrupt übel. Ich ging im schnelleren Laufschritt nach draußen, als ich plötzlich einen kurzen Schrei hörte. Meine Füße fingen an zu laufen. Ich wurde kurz orientierungslos, Panik stieg in mir hoch, als ich die Eingangstüre im Laufschritt passierte ... Noch ein Schrei und zwei laute Knalle, wie wenn Schränke umgeschmissen worden wären. In diesem Schreck rammte ich mir die Türklinke der doch allzu großen Türe in meine Seite, ich spürte einen stechenden Schmerz, der mich kurz zusammenkauern ließ. Trotz vor Schmerz gebeugter Haltung wegen der klaffenden Wunde, aus der Blut austrat, rannte ich adrenalinüberschüssig Richtung Auto.

Im Augenwinkel sah ich, wie sechs Männer den Eingang des Büros stürmten. Ich rannte zu meinem Auto, das in der Nebenstraße stand, öffnete die Autotür und startete den Motor. Getrieben nur von einem Gedanken – zu entfliehen – fuhr ich wie ein Getriebener in Richtung nach Hause. Nach zwei Stunden endlich zu Hause angekommen, versperrte ich die Haustüre und lief in Gedanken versunken im Gang auf und ab. *„Ich brauche einen verdammten Plan!“* dachte ich mir. Ich hatte eben miterlebt, wie irgendwelche Leute in Schwarz das Büro von Herrn Dr. Weger stürmten.

Ich rannte in mein Büro und packte alle meine Recherchen zu diesem und anderen Themen, die ich angehäuft hatte, um diese Dokumentation zu veröffentlichen, zusammen. Als ich alles in der Tasche hatte und wie getrieben an der Haustüre stand, blickte ich nochmals kurz zurück und verließ mein Haus. Die Wunde an meinem Rücken schmerzte immer noch. Es war ein größerer Kratzer, der sehr stark blutete. Ich fuhr gehetzt von Wien nach Salzburg. Unterwegs legte ich eine kleine Rast ein und verband mir die Wunde. Als ich nach der Ankunft in Salzburg kurz mein T-Shirt anhob, sah ich, dass der Verband eigentlich ganz gut seinen Teil zur Heilung beitragen sollte, obwohl die Wunde noch immer etwas schmerzte.

Als ich wieder an das Erlebnis in Wien denken musste, fielen mir die Ereignisse um die Gespräche mit den Angehörigen eines Illuminatenordens von Salzburg wieder ein. Vor allem, weil diese Gespräche, die fast vier Monate in der Vergangenheit lagen, von der Freien Energie und gewissen Geheimnissen handelten, war für meine Dokumentation sehr wichtig war. Die Pyramiden wurden auch vage erwähnt vom Anhänger des Ordens, dessen Namen ich leider nicht preisgeben kann.

Es war ein sehr haarsträubendes Erlebnis, da dieser Kontakt meine Wege nicht per Zufall kreuzte. Ich erinnerte mich also kurzzeitig daran zurück, wie ich zu den Illuminaten gekommen war. Durch Unterredungen mit einem Professor aus Wien und meine Recherchen zu einigen Themen war ich auf Umwegen zum Club of Rome und auf einen Anhänger der Illuminaten gestoßen. Ich erinnerte mich noch an die Angst, die damals in mir hochkam, als mir und Daniel gedroht wurde, weil wir nähere Untersuchungen zu einem bestimmten Thema einleiteten, die uns bis zu Konzernen und diversen Geheimgesellschaften vorstoßen ließen. Nach einer kurzen Unterredung mit dem Mitglied der Illuminaten war uns auch von der Arbeit und Ritualen erzählt worden, bei denen es unter anderem auch um den Zugang zu geheimen Technologien und Eingängen in die Hohle Erde (Agartha) gehen sollte.

Bis heute erschienen mir diese Informationen noch eher als ein Rätsel und eine schöne Story eines Mannes, der allem Anschein nach gerne Geschichten erzählte. Jedoch waren die Drohungen und die Zusammenhänge, die sich damals offenbarten, eher real, diese waren vor allem in Verbindung mit den Geschehnissen rund um einige Konzerne eher Wirklichkeit als Geschichten.

Abb. 1: Der Untersberg. (Foto: Werner Betz)

Gedanken und Hinweise

Als ich meine wichtigsten Habseligkeiten und die Rechercheergebnisse rund um meine Dokumentation ins Auto gepackt hatte, fuhr ich los, zur alten Hütte meiner Schwester. Um unterzutauchen, klare Gedanken zu fassen und mich wieder etwas zu sammeln nach diesem Erlebnis, das mir Panik einhauchte. Ich fuhr entlang eines Bachtals in Kärnten. Die Navigation leitete mich durch ein schönes, traditionelles Tal inmitten schöner Seen und hoher Berge. Ein Anblick so schön, wie er in Österreich ein Geschenk des Himmels zu sein scheint. Als ich den kleinen Bach am Ende der Straße passiert hatte, sah ich schon die Brücke, die über eine kleine Schlucht führte. Diese Brücke passierte ich im Schritttempo. Da stand die Hütte auch schon. Ich überlegte, wie lange es her war, dass ich mit meiner Schwester da oben gewesen bin. Es war wie in einer anderen Welt, in einer besseren.

In diesem Moment sah ich mich wieder in dieser schöneren Welt mit meiner Schwester zusammen in der Wiese vor der Hütte sitzen. An einem warmen Sommertag in Urlaubsstimmung, in einer Ruhe, wie sie angenehmer nicht sein konnte. Über eine bessere Welt und das Große und Ganze haben wir philosophiert und in den Tag hineingeträumt. Sie sprach von einem Zauberwald, in dem sie sich sah und in dem alles mit allem verbunden wäre. Es gab dort keine Kriege, keine Krankheit und so alltägliche Dinge, die wir in unserem Hiersein erleben müssen, um allem Anschein nach in naher Zukunft den Weg des Herzens gehen zu können.

Sie war Künstlerin auf ihre Art! Ein Freigeist, der sich nicht einengen ließ. Sie lebte ihre Gabe und versuchte, die Schönheit zu verkünden. Die Schönheit der Natur und der Liebe. Doch dies hatte sich alles geändert, musste ich feststellen, als ich wieder in der Realität angekommen war und mich dort umsah. Ich stieg aus dem Auto und holte tief Luft. Tiefe Bergluft mit einem Hauch von Waldgeschmack, wunderschön.

Als ich hier nun in dieser idyllischen Hütte war, an einem wunderschönen Sommertag wohlgemerkt, sah ich mich dort ein wenig um, da ich ja schon fast zwei Jahre nicht mehr hier gewesen war. Meine Mutter pflegte diese Hütte jede Woche, so sah es jedenfalls aus. Es war hier alles wundersam zusammengeräumt. Ich fühlte mich im Allgemeinen wohl hier. Man roch die Wände aus Holz und fühlte das Leben in der Natur. So, wie es eben in derartigen Hütten üblich war. Nachdem ich mich hier umgesehen hatte, ging ich ins Bad, um mir die Wunde am Rücken anzusehen, die ich mir beim Rauslaufen aus Herrn Wegers Büro zugefügt hatte. Ich erinnerte mich zurück und verfiel kurzzeitig wieder in Panik und in Angst. Gedanken kreisten durch meinen Kopf. Ob wohl irgendwer mein Gesicht gesehen hat an diesem Tag?

Ich dachte sofort an die Empfangsdame und zuckte kurz zusammen. Die hatte meine Handynummer, dachte ich mir. Ich schlug mir an den Kopf und musste überlegen, was wohl passieren konnte. Als ich kurzzeitig ein Gefühl von Paranoia hatte, entschloss ich mich, den Fernseher einzuschalten, der im Wohnstüberl stand. Vielleicht waren ja Nachrichten zu sehen oder so!

Ich schaltete ein und zappte mich durch die Kanäle. Nichts! Also ging ich auf den Teletext und las mich durch – und da stand es! Meine Augen waren weit aufgerissen, und ich starrte auf die Zeilen, die mir so Kopfweh bereiteten.

Entführung in Wien! Am Samstag wurde in der Firma Dr. Weger Energietechnik GmbH eine Entführung verübt. Der Geschäftsinhaber und angesehene Forscher wie Buchautor Prof. Dr. Weger wurde an diesem Nachmittag mit zwei leitenden Angestellten der Firma entführt. Hintergründe sind in diesem Zusammenhang leider noch keine bekannt. Jedoch die Ermittlungen laufen auf Hochtouren.

Ich hoffte auf das Beste und um Gottes Unterstützung wie auch etwas Glück in dieser Sache und setzte mich anschließend auf die Terrasse der Hütte. Ich streckte meine Füße aus und ließ mir die Sonne ins Gesicht strahlen! Ich wurde ruhiger und insgesamt entspannter.

Das Hören der Tierlaute im Wald, der an die Hütte angrenzte und die Geräusche des Bachlaufes ließen mich im Allgemeinen etwas entspannen. Ich dachte nur an die Schönheit der Natur und der Umgebung, in der ich mich befand. Als ich mit geschlossenen Augen in meinem Sessel saß, sah ich vor meinem geistigen Auge plötzlich einen Berg. Einen Berg, wie mir dieser schon einmal begegnet war. Ich öffnete die Augen und überlegte, was das für ein Berg sein könnte. Dabei erinnerte ich mich an den Traum, den ich hatte, als ich noch zuhause war. Es war derselbe Berg. Ich nahm mein Notizbuch und schrieb mir den Gedanken auf.

Diesmal war der Berg näher! Ich spürte eine Art Beklemmung, aber auch eine gewisse Erleichterung. Die Farbe, die ich sah und das Gefühl, das ich bei diesem Bild aus meiner Fantasie hatte, waren so stark geworden, dass diese mich nicht mehr losließen. Nachdem ich die Notizen gemacht hatte, nahm ich mein Smartphone in die Hand, um meinen Projektleiter anzurufen, der diese Dokumentation über meine Idee zur Freien Energie betreut. Da ich ja nur derjenige war, der die Geschichte erzählte und bei der Dokumentation über Freie Energieformen den Indiana Jones spielte, musste ich Daniel nun kontaktieren, um ihm meine Ergebnisse und die Erlebnisse dazu darzulegen und zu erläutern.

„Hallo Daniel, wie geht es dir?" begrüßte ich Ihn

„Hallo Jürgen, ja gut. Bist du weitergekommen mit den Pyramidengeschichten? Ich habe gehört, dass Herr Weger entführt wurde", fragte dieser mit gefasster Stimme.

„Ja, das habe ich auch gelesen. Als ich die Notizen von ihm bekommen habe, fuhr ich nach Hause und habe es anschließend in der Zeitung gelesen."

„Puh, ich kann es gar nicht fassen. Hast du sonst noch Recherchen anstellen können zu diesem Thema", fragte Daniel mich, als ob er mehr wissen wollte im Zusammenhang mit der Illuminatengeschichte und der Entführung von Herrn Weger.

„Nein, konnte ich nicht! Ich wollte Dir nur sagen dass es besser wäre, wenn wir diese Dokumentation ruhen ließen! Das wird mir etwas zu heiß, das Thema! Ich sage ehrlich, wie es ist.“

„Jürgen, du bist der Initiator der Geschichte. Du musst es wissen. Ich gebe dir nur den Rat, dass du dir eine gute Begründung einfallen lässt, vor allem, weil das Projekt eben von Herrn Spatz gefördert und finanziert wird. Und du kennst ihn, bzw. du weißt, dass der sich nicht so leicht abwimmeln lässt. Vor allem, da du ihm auch noch Geld schuldest für die bisherigen Kosten der Dokumentation.“

Ich schluckte kurz, da ich die Härte im Geschäft kannte und natürlich Angst vor den Konsequenzen hatte. *„Also gut, mein Freund! Ich rufe ihn zu gegebener Zeit an und sage ihm, dass diese Geschichte etwas abgeändert wird!“*

„Was wird abgeändert? Was willst du ihm erzählen?“ fragte er mich ganz gespannt.

„Ich werde ihm, auf gut Deutsch, einen Grund geben, von der ursprünglichen Idee etwas abzuweichen, um eine neue aufzugreifen.“

Daniel erwiderte: *„Nun, da bin ich gespannt! Sag mir halt Bescheid. Ich warte einstweilen.“*

Mir fiel noch das Gespräch mit einem Freund ein, das ich vor einigen Tagen bezüglich der Dokumentation geführt hatte und erwiderte: *„Daniel, du erinnerst dich doch an diesen deutschen Geologen, der damals mit den Illuminaten die Umgebungsforschung rund um die Pyramiden in Ägypten betreute, oder?“*

„Ja, tue ich, wenn ich mich richtig erinnere, sollte dieser auch im Bereich der Prä-Astronautik geforscht haben?“

„Ja genau, ich glaube, du weißt, auf was ich hinaus will, oder?“

Daniel lächelte kurz, da er mich ja auch schon kannte. *„Ok, ich melde mich, wenn ich mehr Informationen habe!“*

Ich legte auf und packte das Smartphone in meine Hosentasche. Danach ging ich auf die Terrasse und starrte auf die Berge, von denen ich hier umgeben war. Bedrückt von dem Gedanken, wie ich Herrn Spatz dies erklären sollte, blickte ich auf die Gipfelformationen und ließ meine Gedanken kreisen. Plötzlich fiel mir spontan der Berg ein, den ich ohnehin nicht mehr aus meinem Kopf bekam. Ich kannte zwar die Zusammenhänge nicht, jedoch hatte ich eines gelernt als Spiritueller Krieger – dem Gefühl zu folgen! Und das tat ich.

Ich ging ins Wohnzimmer, startete meinen Laptop und googelte in der Hoffnung auf Hinweise zu Bergen. Das Internet spuckte nicht wirklich etwas aus, außer einer Unzahl an Bergen. Ich durchforstete eine Stunde lang das Internet in der Hoffnung, den richtigen Input zu meinen Gedanken zubekommen. Als ich, zugegebenermaßen, etwas erschöpft war durch die Suche, schloss ich meinen Laptop und entschied mich, in den angrenzenden Ort zu fahren, um dort ein wenig zu überlegen. Als ich im Ortszentrum angekommen war, suchte ich mir ein schönes gemütliches Café am Seeufer. Da es 19:00 Uhr war, hoffte ich natürlich auch Leute anzutreffen, mit denen ich etwas plaudern konnte und die etwas in Feierabendstimmung wären.

Ich kam zur „Goldenen Seetaube" – einem kleinen Gasthaus, dessen Ambiente mir zusprach. Ich ging zum Eingang dieses Gasthauses, das am See lag und betrat das Gebäude. Dort saßen Männer, die in ihr Bierglas starrten und über das Tagesgeschehen plauderten. Ich suchte mir einen gemütlichen Biertisch, von wo aus ich das Treiben beobachteten konnte. Ich bestellte mir ein halbes Bier und genoss die Ruhe, die mich in diesem Augenblick in dem Gasthaus umgab.

Die Menschen und Leute an diesem Ort plauderten über Hunde, Zeitungsberichte und sonstige Alltagsdinge, was ich neben dem Schlürfen aus meinem Bierglas wahrnehmen konnte. Bis sich um den Tisch gleich zu meiner Rechten eine eher kleinere Gruppe gebildet hatte! Sie redeten von Bergen, von Bergbesteigungen und ihren Erlebnisse auf Bergen. Auch waren alle bekleidet wie Bergsteiger und Wanderer und allem Anschein nach kannten sich diese Leute. Einer fing plötzlich an, über eine Bergerfahrung an der österreichisch-deutschen Grenze zu reden, und sein Bericht ließ mich nicht mehr los.

Ich stellte mein Bierglas ab, zündete mir eine Zigarette an und lauschte aufmerksam dieser Geschichte. Der Mann erzählte über eine Wanderung und eine Sage, die sich um diesen Ort rankte. Karl der Große und Gnome, Erd- und Naturwesen soll es in diesem Berg geben. Als ich ein paar Minuten zugehört hatte, fiel der Name des Berges – „Untersberg". Einer erwähnte den Berg im Zusammenhang mit anderen Geschichten und Mythen rund um diesen riesigen Stein. Er sprach von Vorsicht und dass Gefahr an diesem Berg lauere und er die Leute gerne verwirren würde.

Jetzt begriff ich sofort die Zusammenhänge zwischen meinen Träumen, Visionen und den Gesprächen! Nachdem ich diesen Zusammenhang erkannt hatte, verließ ich dankbar das Gasthaus und bewegte mich hastig und voller Tatendrang in Richtung Hütte. An der Hütte angekommen, setzte ich mich nochmals auf die Terrasse und dachte weiter über meine Verbindung zu Herrn Spatz nach. Ich hatte nun eine Geschichte in meinem Kopf, die sich nicht mehr auflösen wollte. Und zugleich auch eine Idee, wie ich Herrn Spatz davon überzeugen konnte, meine Geschichte etwas umzuschreiben in Hinblick auf die Dokumentation zur Freien Energie.

Am nächsten Morgen zog ich nach einem gemütlichen Kaffee das Notizbuch aus meiner Tasche, das mir Herr Weger gegeben hatte, und ich begann mich einzulesen in die Geschichte und die Geheimnisse der Pyramiden. Neben den allgemeinen Beschreibungen über das, was Pyramiden sind und über die Zusammenhänge mit alten Kulturen und anderen Ländern, stieß ich in den Notizen auf ein besonders interessantes Kapitel. Dieses Kapitel drehte sich um eine Beschreibung der Ur-Energie als Grund allen Seins. Nach drei Stunden Lesen und Recherchieren in diesem Buch musste ich feststellen, dass die meisten Begriffe und Beschreibungen sehr technisch und wissenschaftlich waren und dass ich diese dank meines gehobenen Manager-

Intellektes ohne jegliches wissenschaftliche Hintergrundwissen nicht entziffern konnte!

Mir blieb jedoch eines in Gedanken und als Pointe dieses Notizbuches hängen. Herr Weger war der Überzeugung, dass die Pyramiden (nicht nur die in Ägypten) der Ursprung allen Seins sein sollen – der Code für alle Zusammenhänge rund um diese Welt und um alle Parallelwelten, die existieren. Es ging um Energiepunkte oder auch um Entladungen der Erde, die in Verbindung mit diesen Pyramiden standen und um die Kraft der Energie, die daraus entsteht und die schlussendlich auch unser derzeitiges Hier und Jetzt formt.

Weiterhin waren Geschichten über Sternenwesen und deren Verbindungen mit der Erde wie sakrale Kraft und Kultplätze Inhalt der Notizen. Es ging um Wetterbeeinflussung und Chemtrails sowie um Regierungsaktivitäten rund um dieses Thema, aus denen hervorging, dass die Regierungen alles unternehmen, damit dieses Geheimnis so lange wie möglich im Verborgenen bleibt. Es war von Energieanstieg und vom Goldenen Zeitalter die Rede (fast wie in einem Esoterikbuch), und es war beschrieben, dass dieses Zeitalter ausgebrochen wäre und sich langsam, aber sicher den Menschen zeigt und dass sich die Energie weltweit ausbreiten würde zum Wohle aller.

Nach ein paar kurzen Zeilen musste ich an die Erlebnisse im Büro von Dr. Weger denken. Ich fragte mich, weshalb er unsere Begehung abgebrochen hatte. Und auch daran, was wohl der Hintergrund der Entführung war. Nachdem ich ein paar unlösbaren Fragen in meinem Kopf hatte, las ich also weiter im Notizbuch ...

Seit der Errichtung von Pyramiden stehen die Menschen ihrer Energie fasziniert gegenüber. Durch jahrelanges Erforschen der Energien dieser Bauwerke entdeckte ich auch deren geheime Kräfte, wie man sie richtig nutzt, und wie man sich der Pyramide anvertrauen kann, um Wünsche zu erfüllen, Schutz, Entspannung, Gedanken- oder Meditationskraft zu erhalten oder um Glücksbringer und Talismane „aufzuladen". Anscheinend sind die Pyramiden mit den großen Kräften des Uni-

versums verbunden, die uns von Nutzen sein können, wenn wir es zulassen. Heute, im Zeitalter des Wassermannes, öffnet sich die Menschheit neuen Werten und sucht nach einer besseren Kommunikation mit ihrem eigenen Geist, den sie in der Zeit der großen materiellen Expansion in den Hintergrund gedrängt hatte. Man entdeckt die alten esoterischen Theorien und erarbeitet gleichzeitig neue, auf der Welle einer „kosmischen Schwingung", die uns veranlasst, das gesamte Wissen, auch die Wissenschaft, unter erweiterten Gesichtspunkten zu überdenken ...

Nach dieser interessanten Lektüre in Dr. Wegers Notizbuch fasste ich den Entschluss, die Zeichen anzunehmen, die ich erhalten hatte. Als ich so vor mich dahin taumelte in Überlegungen und Gedanken, war es für mich gar nicht mehr so abwegig, dass Dr. Weger entführt worden war. Ich fragte mich die ganze Zeit, ob dies nun die Illuminaten waren? Zumal diese in dem Zusammenhang, den wir damals recherchiert hatten, sehr bedrohlich wirkten. Da ja Herr Dr. Weger diese Untersuchungen nicht gerade im stillen Kämmerlein vorantrieb, war die Entführung durch diesen geheimnisvollen Orden absolut möglich. In meinen Gedanken entstand Abenteuerlust und Neugier auf mehr sowie auf die Gefahren, die daraus entstehen konnten.

Der Untersberg und die Goldene Stadt

Begonnen hat alles mit dem Impuls, den ich bekommen hatte, sowie den Zeichen des Zufalls, die mir präsentiert wurden. Der Untersberg – damit begann es: Meine Geschichte vom Untersberg. Nach einigen Zeitungskommentaren und Fernsehberichten sowie Gesprächen mit Leuten, die den Untersberg kannten, begann ich meine Reise und meine Recherchen. Zu Beginn der Reise wurde ich gewarnt vor der Macht des Berges, der hellen wie auch der dunklen Seite des Berges. Da ich in den letzten Jahren genügend Erfahrungen mit den Kräften der paranormalen Dinge gemacht hatte und diese auch kannte, befolgte ich den Rat und tastete mich vorsichtig an den Berg heran. Vor allem auch, um Herrn Spatz nach den ersten Recherchen sagen zu können, wie ich die Dokumentation ändern würde – das natürlich nur zu seinem Vorteil!

Ich entschloss mich dazu, mich mit Kartenmaterial, Berichten und Meditationen auf den Berg einzustimmen. Nach einem ersten Studium der Kartenmaterialien und Notizen zu den wichtigsten Orten am Untersberg folgten Online-Berichte und Videodokumentationen von Sagen und Mythen, zu Unfallberichten und Verschwörungstheorien, Berichte von Esoterikgruppierungen, UFO-Jägern rund um den Untersberg! Alles bot sich mir in diesen Recherchen. Es war eine Flut von Informationen, die auf mich zukam. Ich begann diese zu sortieren, um einen groben Überblick zu bekommen.

Was mich persönlich zu dieser Zeit sehr interessierte, waren die Zeitphänomene und die Geschichten rund um den Berg. Über Zeitverluste und Portalöffnungen wurde berichtet, über Phänomene, die sich mit dem Verstand nicht erklären lassen. Auch die Zusammenhänge mit den Pyramiden, von denen immer wieder berichtet wurde, ließen mich nicht mehr los!

Also beschloss ich, dieser Sache weiter nachzugehen, und wie es für einen Spirituellen Krieger üblich war, mit einer Meditation zu beginnen ...

Ich legte mich auf die Couch in der gemütlichen Hütte und versuchte, meinen Atem zu zentrieren und loszulassen. Plötzlich fing es an, rund um meinen Körper zu kribbeln, und ein Gefühl der Schwerelosigkeit umgab mich in diesem Augenblick. Die Gedanken verließen mich, und ich war in Meditation. Nun stehe ich hier vor dem Untersberg und sehe einen glatzköpfigen Mönch, der mich schon erwartet! Dieser ist ein Wächter des Tores, das sich vor mir befindet. Er überreicht mir eine Schriftrolle mit Aufzeichnungen, die ich jedoch nicht lesen kann, die ich aber bei meiner griechischen Lehre schon einmal in der Hand hatte! Als ich die Schriftrolle angenommen habe, ebnete er mir den Weg in die Höhle. Ich betrete das dunkle Loch des Berges und gehe immer geradeaus.

Ein kurzer Rückblick, und die Öffnung wird immer kleiner und verschließt sich schließlich ganz hinter meinen Rücken. Als ich weitergehe in der Dunkelheit des Berges, öffnete sich vor mir plötzlich ein Zimmer, ein Raum, der immer größer und gewaltiger wird und sich als Thronsaal zeigt. So majestätisch, wie man es aus Filmen kennt! Rund um mich Skulpturen aus Gold und Silber, große Säulen aus Marmor, und vor mir ein Thron und ein Sessel aus Stein für den Vorsteher dieses Platzes. Erkennen kann ich diesen leider nicht zur Gänze. Jedoch führt er mich tiefer in den Berg hinein.

Wege öffnen sich, und ich gehe mit dem Vorsteher entlang der Höhlen, auf den Wegen bis zum Zentrum des Berges. Das Zentrum des Berges zeigt sich, eine riesige Höhle mit einer Sonne. Eine Sonne oder Lichtkugel, ich kann es nicht genau sagen. Der Vorsteher tritt an mich heran und teilt mir mit, dass ich in dieses Licht treten soll! Das mache ich. Ich betrete das Licht im Zentrum dieser Höhle und staune. Ich staunte über das Gefühl, das durch meinen Körper gleitet. Ein Gefühl der Liebe, des Allumfassenden Daseins und des Wissens, an der Quelle zu sein. An der Quelle allen Seins, der Mutter aller Dinge. Genauso kommt es mir vor an diesem Ort der Liebe, der nahezu göttlich und mystisch auf mich wirkt. Ich erinnere mich an meinen Traum vor einiger Zeit, als ich im Universum war, jenen Traum, in dem der Planet Pluto vorkam. Nach ein paar Minuten tritt der Vorsteher an mich heran und zeigt mir einen weiteren Weg, den ich gehen soll. Ich gehe nun mit ihm diesen Weg, der noch tiefer in den Berg führt. Nach einigen Minuten des Gehens sehe ich einen Raum voller Gold und Schätzen vor mir. So viel Gold ist es, dass der Glanz in den Augen schmerzt. Unermessliche Schätze! Der Vorsteher nimmt mich bei der Hand und wir gehen den Weg zurück, den wir gekommen waren. Vorbei an der Sonne, dem Lichtzentrum des Berges, dann hinaus aus der Höhle …

Als ich meine Augen öffnete, ging ich zum CD-Player, um die Meditationsmusik abzustellen. Dabei fiel mir auf, dass ich gerade mal 20 Minuten in der Meditation gewesen war und die Musik noch weitere 15 Minuten bis zum Ende andauerte. Als ich anschließend in die Küche ging, sah ich auf der Uhr, dass ich fast drei Stunden in Meditation verbracht hatte. Ich konnte nicht begreifen, was hier vorging, also ging ich ins Wohnzimmer, um dort die Uhren zu vergleichen. Und tatsächlich sagten die dasselbe. Ich weiß noch, dass ich ca. um 18:00 Uhr mit der Meditation begann, und als ich die Küche betrat, war es ca. 21:00 Uhr laut meinen Uhren. Die Länge des Meditationssongs ist in Summe 35 Minuten, ich hatte aber definitiv nur 20 gehört. Die Repeat-Taste war auch nicht eingestellt auf dem Musikplayer, sodass das Lied nicht wieder von vorne begonnen hatte.

Ich notierte mir diese Ereignisse und versuchte einen oder zwei Tage lang, diese mit der Kraft meines Verstandes zu begreifen. Das gelang mir aber nicht. Also musste ich persönlich davon ausgehen, dass die Zeitverschiebung tatsächlich stattgefunden hatte. Um dies alles zu begreifen, recherchierte ich ein paar Tage lang und häufte Unterlagen rund um den Berg an und studierte sie. Ich nahm Wegmarkierungen auf Karten vor, erstellte eine grobe Übersichtskarte und sammelte Berichte aus der Umgebung. Meine Recherchen ergaben weitere interessante Informationen bezüglich dem Raum Grödig.

Ein Bericht, den ich über Grödig in der Hand hatte, ließ mich aus irgendeinem Grund nicht mehr los. Also las ich diesen Zeitungsbericht, der mir bei den Recherchen in die Hände gefallen war …

Dass sich in Grödig eines der größten Kriegsgefangenenlager Europas befand, ist nur wenigen bekannt. Gleich nach Beginn des Ersten Weltkrieges in Salzburg wurden die Vorbereitungen für ein riesiges Kriegsgefangenenlager getroffen. Bis zu 40.000 Gefangene und auch Flüchtlinge wurden nahe der Salzburger Stadtgrenze in Grödig und Niederalm in Baracken gepfercht. Das Elend war wegen Krankheiten und der Lebensmittelknappheit in den späteren Kriegsjahren sehr groß. Die Kriegsgefangenen während und nach dem Ersten Weltkrieg waren vorwiegend Russen, aber auch Serben und Ostasiaten. Die Flüchtlinge, die ins Land strömten, kamen aus Osteuropa. Die Behörden seien wegen der großen Anzahl von Menschen überfordert gewesen. Rund 8.000 serbische Kriegsgefangene sind auf dem Friedhof des Ersten Weltkrieges in Mauthausen begraben. Da ein Großteil der Gefangenen Russen waren, wurde das Lager in Grödig von der Bevölkerung als Russen-Lager bezeichnet. Wie in anderen Lagern auch traten zahlreiche Infektionskrankheiten auf. Es soll Tage gegeben haben, an denen 40 Menschen starben. Laut der Grödiger Gemeindechronik sind während der Lagerzeit über 2.000 Menschen gestorben. Der sogenannte Russen-Friedhof in Grödig erinnert noch heute an das Gefangenenlager. Ungefähr 4.000 Personen sind auf dem Russen-Friedhof begraben. Es wurden auch etwa 800 Kinder dort bestattet. Im Jahre 1918 kam es in Grödig zu einem Lageraufstand, an dem sich rund 3.000 Insassen beteiligten. Er wurde vom Militär unblutig beendet. Nach Kriegsende wurde das Gefangenenlager aufgelöst.

Nach diesem Bericht, den ich in die Unterlagen über meine Recherchen aufgenommen hatte, fiel mir eine Sage aus der Gegend vor die Füße. Es handelte sich um die Verschwundene Hochzeitgesellschaft beim Untersberg.

Der Geschichte nach zog ein reiches Bauernpaar mit einem kleinen Gefolge aus einem Dorfe (St. Leonhard) in ein anderes naheliegendes

(Grödig), um dort bei den Eltern der Braut das Hochzeitsfest zu feiern. Lustig und fröhlich in Begleitung einiger Musiker, zogen sie die Straße entlang und kamen zum Untersberg. Hier angelangt, fing einer aus der Gesellschaft an zu erzählen, dass in dieser Gegend ein Kaiser mit einem bedeutenden Heere verschwunden sei und dass seit jener Zeit hier Geister erscheinen, welche die in dieser Gegend Wandernden beschenken. Sogleich fing der Bräutigam an, den Geist zu rufen und zu bitten, er möge sie mit etwas beschenken. Auf einmal öffnete sich der Berg und ein grau gekleideter, kleiner Mann mit silberweißem Haar erschien, der ihnen eine Türe ins Innere zeigte. Die ganze Gesellschaft folgte ihm nach, und sie kamen in eine Reihe schöner Zimmer, wo in einem eine Tafel gedeckt war und Speisen und Getränke aufgetragen waren. Die ermüdeten Brautleute und die anderen setzten sich zu Tische und ließen nicht viel übrig. Nach dem Mahle aber bedurften alle des Schlafes, weil sie etwas viel getrunken hatten. Beim Tische sitzend, schlummerte alles ruhig. Als sie erwachten, führte sie der Berggeist hinaus. Bei Tage kamen sie an die Erdoberfläche, allein sonderbar, alles hatte sich während der Zeit ganz verändert. Die in dieser Gegend Wohnenden verstanden ihre Sprache nicht, überhaupt schien es ihnen, als seien sie in einem ganz fremden Lande. Nach mehreren Tagen kamen sie in ein Dorf. Sie fragten, wie es heiße, und erhielten den ihnen bekannten und erwünschten Namen zur Antwort. Aber auch hier schienen sie nicht zu Hause zu sein. Sie suchten ihre Wohnhäuser und fanden sie nicht. An ihrer Stelle standen ganz anders gebaute Häuser. Sie begaben sich zum Pfarrer und erzählten ihm alles, was geschehen war. Dieser schlug seine Bücher auf und fand wirklich, dass vor 500 Jahren ein junges Brautpaar nebst einigen anderen Menschen verlorengegangen sei.[1)]

Weitere Berichte und Kartenmaterial sowie Beschreibungen und Sagen, die mich jedoch nicht sonderlich ansprachen, sortierte ich in meine Mappe ein. Nach einiger Zeit beschloss ich, die erste Untersbergtour zu starten! Ich beschloss, nach Fürstenbrunn zu fahren und beim Veitlbruch den Berg und die Gegend „live" zu erkunden. Gedacht, getan. Ich packte meine Ausrüstung zusammen und fuhr mit dem Auto bis nach Fürstenbrunn. Am Parkplatz beim Veitlbruch begann ich den Weg auf der Römerstraße Richtung Latschenwirt zu gehen. Es war ein schöner Samstagvormittag. Kurz vor dem Latschenwirt bog ich nach links ab in einen kleinen Forstweg, der dort abzweigt. Ich folgte diesem Weg ca. eine Stunde straff bergauf.

Als ich oben eine Pause machte, um meinen Atem etwas zu zentrieren für den weiteren Anstieg ins Unbekannte, zogen plötzlich Wolken über mir auf. Da ich befürchtete, dass es zu regnen beginnen würde, entschloss ich mich, in Richtung des Berges zu gehen und auf einen Vorsprung zu klettern, der nicht weit entfernt in der Höhe herausragte. Da ich ja nur Sommerkleidung bei mir hatte, zumal ich nicht darauf gefasst war, dass es regnen würde, entschloss ich mich, diesen scheinbar kurzen Steig bergauf zu nehmen. In der Hoffnung, dass sich das Wetter bald wieder beruhigen würde, kletterte ich nun bergauf. An steilen Stufen vorbei immer weiter in Höhe des Vorsprungs, wo ich mir Schutz vor dem kommenden Wetter erhoffte. Nach etwa 15 Minuten bergauf sah ich in die Tiefe und traute meinen Augen nicht. Ich befand mich mit Sicherheit mindestens 250 Meter über dem Einstiegspunkt. „Wie konnte dies nur sein?“ fragte ich mich.

Fragend blickte ich nach vorne und nach hinten, nach links und nach rechts. Rund um mich herum war Fels und Stein, soweit das Auge reichte. Ich sah den Hang hinunter und dachte in diesem Moment der Fassungslosigkeit nur an drei Sachen. Den Abstieg hinunter, den weiteren Aufstieg, oder zu fallen. Da ich meine Kletterausrüstung nicht bei mir hatte, konnte ich diesen Weg, den ich hochgekommen war, nicht mehr hinuntersteigen. Er war schlicht zu steil. Nach kurzer Überlegung konnte ich es ja nicht mal glauben, dass ich hier hinauf gekommen war. Ich sah in die Tiefe und mir wurde kurz übel, als ich etwa 300 Meter hinunter in den Abgrund blickte.

Als ich im Augenwinkel noch dunkle Wolken sah und den Himmel, der sich allmählich immer mehr schwarz färbte, bekam ich kurzzeitig Panik. Meine Füße fingen plötzlich an zu zittern, und ich konnte keinen Schritt mehr in den Stein setzen. Nun war da aber auch noch ein zweiter Gedanke, den ich verfolgte – weiter aufzusteigen. Bergab würde es nicht mehr gehen für mich, es sei denn, ich zog die Variante Drei vor. Also blieb logischerweise nur mehr die zweite – den Berg über diesen Steig weiter hinaufzugehen. Während ich mehr und mehr an diese Variante dachte, wurde mir neben den zittrigen Beinen auch noch übel. Ich begann am ganzen Körper zu zittern und konnte meine Hände nicht mehr ruhig halten. Ich versuchte, einen Schritt vorzugehen und mich an der Stahltreppe festzuhalten. Ich krallte mich in dieser Stahlkonstruktion fest wie ein kleines Kind, das panische Angst hat.

Ja, in der Tat! Ich dachte nur an meine körperliche Verfassung und meine Kondition, die ja nach diesem Aufstieg nicht mehr die beste war. Und ich dachte auch die Dummheit, dass ich keine Sicherungsgurte mitgenommen hatte. Zu meinem Schicksal hinzugekommen war natürlich auch die dunkle Wolke, die immer näher kam und das Sonnenlicht immer mehr zur Seite drücke. Ich fasste meinen Mut zusammen und hob meinen Fuß auf die nächste Stahltreppe im Fels. Dann griff ich mit der Hand an die nächste Stütze weiter oben und war auf der ersten Treppe im Fels.

Ohne Gedanken, wie in Trance, ging ich weiter, schweißgebadet und zittrig zugleich. Ich ging immer höher und höher den Fels hinauf. Als ich ein Donnern hörte und im Augenwinkel einen Blitz sah, der so grell war, wie ich es noch nie zuvor erlebt hatte, zuckte mein Körper zusammen. Ich verlor an einer Hand den Halt. Sie rutschte mir weg. Da ich mit der anderen Hand jedoch noch Halt hatte, fing mein Adrenalin an zu kochen und meine Hand, die wegrutschte, bekam reflexhaft den Stahlbügel zu fassen. Ich stieg weiter hinauf und immer weiter.

Als ich auf einem Felsvorsprung angekommen war und meine Hände und Füße auf den Vorsprung gelangt waren, fiel ich aus Erschöpfung zu Boden und blieb liegen. Ich holte ein paarmal tief Atem, um wieder zu Kräften zu kommen. Ich konnte nur an meinen Atem denken, da dieser so schnell war und ich fast Seitenstechen bekam durch die Luftknappheit, die ich in meiner Angst selbst verschuldet hatte. Meine Gedanken konzentrierten sich nur noch auf das Atmen und die Schmerzen in den Händen.

Als ich mich wieder etwas besonnen hatte, sah ich mich behutsam um. Ich stellte fest, dass ich nicht mehr weiter kommen würde. Zumindest nicht am Fels. Es waren nirgendwo Stellen zu sehen, die Stahlsicherungen aufwiesen. Überall ging es kerzengerade nach oben. Als ich zu meiner Linken einen kleinen Höhleneingang sah, der nicht einmal so schwer zu erreichen war, erhob ich mich und ging über den Vorsprung in die Richtung der Höhle. Nach ca. zehn Metern war ich angekommen. Ich blickte in den Himmel und sah, wie sich alles noch mehr verdunkelte. Mein Gedanke richtete sich auf das Glück, das ich gehabt hatte, um dem Wetter entfliehen zu können.

Ich setzte mich etwas entspannter auf den Boden vor den Höhleneingang, war jedoch noch etwas angespannt, weil die momentane Situation, in der ich mich befand, nicht gerade die sicherste war. Als ich in die Wolken blickte, sah ich die Figur einer Eule, die sich aus den Wolken formte. Mir wurde plötzlich warm, und ich hatte das Gefühl, in Sicherheit zu sein. War das nun ein Zeichen der Warnung oder der Hoffnung? Da ich mich ja hier und jetzt eher von der Umgebung und der Wetterlagen bedroht fühlte, konnte ich dieses Bild in den Wolken nur als Zeichen der Hoffnung sehen.

Der Wind pfiff an mir vorbei, und die Bäume bogen sich. Der Regen prasselte so stark, dass sich binnen Minuten unter mir ein kleiner reißender Bach bildete, der auf demselben Weg, den ich gegangen war, alles mitspülte, was dort herumlag. Ich war in diesem Moment wieder kurz davor, der Angst zu verfallen, da ich vor Jahren so einen Wettereinbruch in den Bergen schon einmal erlebt hatte, einen, der mir bis heute in Erinnerung geblieben ist.

Ich blickte in diese dunkle Höhle vor mir und hatte richtige Angst. „*Was war das?*“ fragte ich mich immerzu. Ich hatte durchaus auch den Gedanken, wieder zum Auto zurückzugehen. Nicht weiter zu gehen und wegzulaufen. Doch als ich da so stand, erinnerte ich mich an meine allererste Meditation, die ich gemacht hatte. Getrieben von Abenteuerlust und Adrenalinausschüttungen sowie von Angstzuständen, wagte ich meinen ersten Schritt in diese Höhle. Ein Foto habe ich noch geschossen, dann betrat ich den geheimnisvollen Ort. Da war ich nun und ging die Höhle entlang, den dunklen Steinweg unter meinen Füßen.

Die Lichter meiner kleinen Taschenlampe flackerten unentwegt und düster auf meinem vorgegebenen Weg, der in die Höhle führte. Trotz Taschenlampe war die Umgebung nicht zu erkennen in dieser finsteren Röhre. Knarren konnte ich wahrnehmen, das sich unter meinen Füßen meldete, bei jedem Schritt in diese Dunkelheit. Ein Fuß nach dem anderen und eine Schweißperle nach der anderen. Jeder Schritt war mit der Aufgabe verbunden, sich dem Adrenalin und dem Schauder entgegenzustellen, der mich in seiner ganzen Größe umfasste. Gedanken umkreisten mich bei jedem Schritt, völlig wirr und ohne jede Logik. Eine schöne Ablenkung trotz der Gegebenheit, in der ich mich gerade befand.

So ging ich also Stück für Stück in ein mir unbekanntes Terrain. Orientiert nur durch dieses düstere Licht, das sich an den Felswänden spiegelte. Zu dunkel, um sich einen Überblick zu verschaffen zu können. Kleine Mücken oder Fliegen kreisten um den Lichtschein der Taschenlampe. Lebewesen, die das Licht suchten. Kaum angekommen am Ende des Tunnels, nahm ich eine dumpfe Stimme war. Sie war nicht so weit entfernt, wie ich feststellen konnte. Schauer überkamen mich nochmals. Mein Atem stockte und ich hielt mich an der Felswand fest. Da hörte ich in die tiefe Röhre des Tunnels hinein, um herauszufinden, wo die Stimme herkam. Nicht aus der Höhle!

Vor mir öffnete sich ein kleines Tal. Und nichts – ich hörte nichts mehr. Obwohl ich aufmerksam lauschte, hörte ich nichts mehr. Die Stimme war verklungen in der Tiefe. Zu meinem Glück war die Höhle zu Ende. Für einen kurzen Moment hatte ich es mit eiskalter Angst zu tun. Ich kniete nieder und verschränkte meine Arme über den Kopf. Zusammengekauert in der Hoffnung, mich gegen die Kälte der

Höhle zu wehren und mich etwas wärmen zu können, verharrte ich einen kurzen Moment.

Diese Dunkelheit und diese Kälte am Ende des Tunnels vor diesem Tal! Sie waren mir anscheinend zum Verhängnis geworden. Nach einigen Sekunden entschloss ich mich, weiterzugehen. Ich packte meine Angst um mein Dasein, zentrierte mich nochmals und ging Schritt für Schritt in Richtung des Tals, das vor mir lag. Plötzlich wurde es schön. Die Sonne strich mir über die Wange und ich sah mich um. Ich sah Ortsschilder und Werbungen auf Straßenenden. Ein altes Haus zu meiner Linken. Wo war ich nur? Ich glaubte, den Verstand zu verlieren und sah mich weiter um. Mein Herz raste, und ich war kurz vor dem Hyperventilieren. Ich nahm meine Digitalkamera aus der Tasche und machte ein Foto des Hauses, das ich erblickte. Dann wusste ich, wo ich war!

Ukraine. Lückenhaft sind die Erinnerungen an die damalige Ukraine, wo ich als Tourist und auch als Kind unterwegs war. Ich sah rechts einen alten Bauernhof, sehr klein, wie es damals dort auf dem Land üblich war, umgeben von Wäldern und riesigen Feldern, die vergleichbar sind mit den unseren in den ländlichen Gegenden von Österreich. Dieser Bauernhof befand sich in einer kleinen Ortschaft, wo die Einwohner ihr eigenes Leben führten, mit ihren eigenen Bräuchen und Ritualen, die jedoch vergleichbar waren mit den alt-ukrainischen Ritualen. Ja, es waren ganz eigene Menschen, wie wir „Westlichen" sagen würden, sie lebten glücklich und zufrieden mit dem, was sie hatten in ihren kleinen Häusern am Rande einer auswärtigen Provinz, deren Namen ich nicht kannte. Der Bauernhof war nicht sonderlich groß, er hatte auch kein Tiere, es war eine alte, rustikale Steinbehausung mit einem kleinen Vorgarten, neben dem eine schmale Schotterstraße entlang führte, auf der sie mit ihren Pferdekutschen umher fuhren, die Bauern auf dem Weg zur Arbeit.

Neben dem Bauernhof befand sich ein kleiner Wald. Als ich mich umsah in einer Gegend, in der ich noch nie zuvor war, sah ich plötzlich, wie Menschen auf mich zuliefen. Der Wald im Hintergrund fing an zu brennen, und die Leute weinten und schrien und kamen geradewegs auf mich zu. Hunderte von ihnen, Männer, Frauen und Kinder. Blut, Geschrei und Angst sah ich. Ich erstarrte vor Angst und geriet in Panik. Plötzlich, wie herausgeschleudert, befand ich mich wieder an der Stelle beim Höhlenausgang am Talbeginn.

Ich schüttelte den Kopf und sah mich um. Da sah ich den Vorsteher, den ich Tage zuvor in der Meditation gesehen hatte. Ein Mönch in jungen Jahren. Er deutete mir den Weg ins Tal. Diesen ging ich talabwärts, ohne zu hinterfragen. Der Mönch ging als Wächter voraus, und nach einigen Metern standen wir vor einem weiteren Eingang in den Berg. Er befahl mir, in diesen Eingang hineinzugehen. Schritt für Schritt befolgte ich seine Anweisungen, dabei begleitete mich ein Gefühl der Geborgenheit. Plötzlich sah ich den Thronsaal aus meiner Meditation. Ich war erstaunt über die mächtige Energie, die von diesem Ort ausging. Wie schon zuvor in Meditation sah ich riesige Marmorsäulen und Skulpturen, wie Zeichen und Symbole an der Wand des Saals, etwa neun Meter hoch und mit einem Durchmesser von 40 Metern. In der Mitte ein riesiger Thronsessel, auf dem ein nahezu königlicher Ritter seinen Platz hatte und mich prüfend begutachtete.

Ich war wie erstarrt von dieser lebendigen Erfahrung, die nicht Wirklichkeit sein konnte. Plötzlich erhob sich dieser Ritter aus seinem gewaltigen Stuhl und bedeutete mir, den Weg rechts zu gehen, wo sich eine riesige Stahltür auftat. Die Tür öffnete sich, und der Ritter begleitete mich zu einem Bach im Berg. Vor mir stand ein kleines Floß auf einem Stein. Ich war begeistert von dem Anblick des Wassers, das im Berg einen Bach bildete ... Ich nahm das Floß vom Stein herunter und setzte mich darauf. Dann ein kurzer Stoß mit dem Fuß, und ich war dem Bach übergeben. Schnell ging es bergab. Das Wasser des kalten Baches, auf dem ich mich befand, sprühte mir kalt und nass ins Gesicht. Das Floß wurde immer schneller auf seinem Weg den Berg hinunter. Ich schloss meine Augen, da ich mir vorkam wie in einer Achterbahn. Plötzlich hielt ich an.

Ich öffnete meine Augen und sah vor mir die Goldene Stadt aus meiner Meditation. Ich stieg von dem Floß und ging eine kleine Sandbank entlang, weg vom Wasser in Richtung Steinweg. Da erblickte ich den Ritter, der mir sagte, dass ich diesem Weg folgen soll. Ich sah zurück zum Bach und sah das Floß im Wasser umhertaumeln, dann richtete ich den Blick geradeaus. Im Tal sah ich Wälder und Gebüsch. Tiere, wie ich sie noch nie zuvor gesehen hatte. Und über den Baumspitzen ein funkelndes Leuchten der Goldenen Stadt vor mir. Ich war zum wiederholten Male erstaunt über dieses Gefühl und den Anblick, der sich mir darbot.

Ich ging diesen Weg entlang in Richtung jener Goldenen Stadt. Um mich herum standen Bäume mit wundervollen Blüten und Obst. Es war angenehm warm. Gefühlt waren es etwa 22 Grad im Sonnenschein. Mir kam der Gedanke, woher die Sonne kam ... Ich war ja im Berg! Oder? Kurzzeitig versuchte ich, die Logik aus meiner gefühlten Verwirrung hervorzuholen. Doch dies war in dem Moment nicht möglich. Denn soviel ich auch versuchte, das Ereignis mit Logik zu begreifen, umso mehr glaubte ich, den Verstand zu verlieren. Also beschloss ich, es auf mich zukommen zu lassen und beobachtete alles rund um mich herum – auch wenn es mir noch so unrealistisch vorkam.

Ich nahm mein Taschenmesser hervor, öffnete es und ritzte mir eine kleine Wunde in den Finger. Nur so als Beweis, ob ich einen Schmerz spüren würde. Der Ritz ging etwas tiefer als geplant, da ich an einem Stein ausrutschte. Ich nahm meine Taschentücher aus der Hosentasche und verband meinen Finger damit, so gut es ging. Ja, und der Schmerz, an dem ich gezweifelt hatte, war in vollem Ausmaß zu spüren. Als ich vor den Toren dieser Stadt stand, traute ich meinen Augen nicht. Goldene Verzierungen überall, ein Funkeln, wie ich es noch nie gesehen hatte. Berauscht von diesem Anblick und der nahezu göttlichen Existenz dieser Stadt wollte ich nun das Tor passieren. Doch plötzlich hatte ich das Gefühl, zusammenzubrechen. Mir wurde übel. Der Kopf brummte und die Luft bebte und vibrierte bei dem Versuch, das Tor zu passieren.

Ich ging ein Stück zurück und setzte mich auf einen Stein, um mich etwas zu zentrieren. Als ich meinen Kopf hob, sah ich ein Wesen vor mir stehen. Es hatte einen grauen Körper und sah nahezu aus wie ein Alien. Es hatte einen sehr großen Kopf und einen dürren Körperbau. Das Wesen legte mir seine Hand auf die Schulter, und ich fand mich vor einer Felswand wieder, während hinter mir alles verschwand. Ich konnte nicht zurück. Der einzige Weg lag vor mir, den Berg hinauf. Der Berg war nicht hoch, doch der Weg war mit Hürden übersät. Ich sah mir jede Hürde genau an und erarbeitete mir einen Plan, sie zu meistern. Als mein Plan stand und ich mich entschlossen hatte, den Berg hinaufzuklettern, sah ich mich plötzlich wieder auf diesem Stein sitzen, wieder vor diesem Wesen. Ich wusste auch sofort, um welche Themen es bei diesen Hürden ging. Ich wusste plötzlich, dass ich, wenn ich all diese Hürden meistern würde, Zugang zur Goldenen Stadt erhalten würde.

(Die einzelnen Hürden werden nachfolgend noch genauer beschrieben)

Als ich jetzt da stand und nochmals versuchte, alles Erlebte zu erfassen, sah ich plötzlich den Ritter aus dem Thronsaal auf mich zukommen. Er zeigte mir den Weg aus dem Berg heraus, wie ich später erst feststellte. Ich ging diesen Weg entlang einer Felswand, einige Meter in eine Höhle und stand plötzlich im Freien. Jedoch nicht am Ursprungsort in Fürstenbrunn. Ich sah mich um und versuchte, mich zu orientieren. Ich ging ein Stück weiter, und da sah ich, dass ich in Grödig war, am anderen Ende des Bergs.

Ich traute meinen Augen nicht und konnte meine Sinne nicht mehr zuordnen. Ich ging die Straße entlang bis zu einem Friedhof. Dort sah ich eine ältere Dame. Ich habe mich überwunden und diese gefragt, wo ich sei und was für ein Datum heute wäre. Sie sah mich an, lachte und sagte, dass heute der Mittwoch wäre und ich in Grödig am alten Kriegsfriedhof war. Ich setzte mich auf eine alte Parkbank und schloss die Augen für einen Moment, um mich wieder zu besinnen.

Die Hürden:

Nach Kontakt mit diesem Wesen wusste ich sofort, das diese Hürden folgende Themen beinhalteten. Diese wurden mir durch Gefühle und Bilder vor meinem geistigen Auge gezeigt. Sie dienen im weiteren Verlauf als „Zugangsberechtigung“ zur Goldenen Stadt *(Erleuchtung und unermesslicher Reichtum im wahrsten Sinne des Wortes).*

1. Hürde – Die Innenschau

Mir wurde gezeigt dass der Beginn damit anfängt nach innen zu sehen um zu erkennen wer man tatsächlich ist und was einen ausmacht.

2. Hürde – Sperre des Weges

Beim Erkennen der eigenen Identität und Aufgabe wie auch den dunklen und hellen Seiten der einzelnen Persönlichkeit, wird meist die dunkles Seite aufgerufen hervorzutreten um aufgelöst werden zu können. Hierbei sperrt man sich meist unbewusst vor Heilung

3. Hürde – Der Rückweg ins Bekannte

Bei Spiegelung der einzelnen Themen aus den ersten beiden Hürden ist die Verlockung zu groß den Rückweg anzutreten und nicht weiterzugehen in den Kampf der eigenen Schattenseiten.

4. Hürde – Altes loslassen und Liebe annehmen

Um neue Erkenntnis annehmen zu können bedarf es der Kunst, Altes loszulassen. Egal ob Wut, Groll, Trauer oder Schmerz in jeglicher Hinsicht.

5. Hürde – Rückschau in die Vergangenheit

Der Rückblick in die Vergangenheit nach erlangen der fünften Stufe erweist sich oftmals als größte Herausforderung. Hier wird alles durchlebt und gefühlt, was ihr anderen und euch selbst angetan habt.

6. Hürde – Der Gipfelsieg

Habt Ihr alle fünf Hürden gemeistert, könnt Ihr nun all die Schattenseiten transformieren oder auflösen sodass Ihr neues Bewusstsein erlangt, für den Eintritt in die goldene Stadt *(deren Zweck ich in der Erklärung schon angegeben habe und auf den ich noch eingehen werden).*

Abb. 2: Aufstieg zu den Hürden.

Ein alter Freund

Ich war trotz allem noch in einem tranceähnlichen Zustand. Und das nach zwei Tagen ... dass ich fast meine Recherche zum Ukrainen- und Russenfriedhof aus dem Ersten Weltkrieg vergessen hätte. Da mich der Berg genau an diesem Ort ausgespuckt hatte – im wahrsten Sinne des Wortes – wusste ich nun auch, warum ich diesen Ort gesehen hatte und in welchem Zusammenhang dieser steht. Es sind die dunklen Seiten des Berges, die dunklen Seiten an uns, wenn wir in Resonanz mit diesem Berg gehen *(um transformieren zu können, muss man es zuerst erfahren)*. Ich selbst bekam Einblick in ein vergangenes Zeitalter, in dem Krieg herrschte, konnte dies aber auf die heutige Zeit und auch auf die Zeit, als ich mich in der Ukraine befand, sowie auf mich persönlich gut übertragen. Vor allem, weil auch ich in Resonanz mit dem Berg gegangen war und das Geschehen rund um den Berg mit den einzelnen Themen beobachtet habe. Der Berg warnte mich davor, das Wissen im Guten einzusetzen! Jedoch warnte mich die dunkle Seite ebenfalls.

Nach dieser Erfahrung widmete ich mich ein paar Tage wieder den alltäglichen Dingen. Das sollte jedoch ab sofort nicht mehr so einfach sein. Träume wurden mir deutlicher. Ich konnte plötzlich Gefühle und Zusammenhänge sehen. Die Realität verschwamm teilweise mit den Träumen, und ich erkannte mich im Großen und Ganzen selbst. Nach ein paar Tagen entschloss ich mich, einen alten Freund anzurufen, um mit diesem über meine Erfahrungen zu sprechen. Vor allem auch, weil ich mit ihm vor Jahren schon einige Abenteuer erleben durfte! Ich nahm mir vor, eine kleine Auszeit von zwei Tagen zu nehmen, um auf andere Gedanken zu kommen. Ich versuchte, nicht an den Berg, die Entführung oder an die Pyramiden zu denken. Doch das ging nicht so einfach. In jedem Augenblick, den ich lebte und in jeder Aktivität, die ich machte, musste ich mich diesen Themen stellen. Also entschloss ich, auf dem Pfad zu bleiben und die Auszeit zu nehmen, wenn die Geschichte vorbei sein sollte. Nach kurzer Innenschau und Überlegung nahm ich mein Smartphone zur Hand und rief Professor Claras an.

„Hallo, alter Freund."

„Hallo Frank, wie geht es dir?", meinte Professor Claras.

„Ich bin etwas im Stress, mein Freund, was tut sich bei Dir?"

„Ach weißt du, ich bin gerade in Deutschland bei einer Sitzung im Technikausschuss für Quantenphysik."

„Jaja, immer diese Physiker! Hast Du mal Zeit für einen alten Freund?"

„Hmmm, wo hast Du dich diesmal wieder reingeritten?" schmunzelte Professor Claras.

„Tja ... das bereden wir persönlich, glaube ich ... ist schlimmer als damals in Chile."

„Ok, wie sieht's bei dir am Wochenende aus? Samstag um 14:00 Uhr könnt ich bei Dir sein."

„Das wäre perfekt, mein Freund!"

„Dann bis später."

„Ciao, bis Samstag."

Nach diesem eher sehr kurzen Gespräch packte ich das Smartphone weg und entschied mich dafür, mir einen Kaffee herzurichten, um kurz in mich zu gehen und zu überlegen und alles zusammenzufassen, was passiert war und wie ich weiter vorgehen sollte in dieser Geschichte. Ich setzte mich mit meinem Kaffee an den Tisch im Wohnzimmer der Gartenhütte und drückte meinen Rücken in die gemütliche Couchfalte. Meine Gedanken sprudelten vor mich hin, und ich schloss die Augen und atmete tief ein und aus. In Gedanken an die Recherchen und die Meditation, die ich zuvor gemacht hatte, versuchte ich auch jetzt, in Meditation zu fallen. Nach einigen Minuten merkte ich jedoch, dass ich mit dem Schlaf zu kämpfen hatte, der mich überkam und der mich dann auch ergriff. Langsam glitt ich in ihn hinüber, begleitet von den Bildern des Berges und allen Zusammenhängen und Erlebnissen, die ich bis jetzt gemacht hatte.

Fantasien glitten in Bildern vor meinen geschlossenen Augen vorbei, und langsam schlief ich ein. Am nächsten Morgen, als ich noch verschlafen über das Holzparkett im Wohnzimmer in Richtung Küche ging, sah ich im Augenwinkel am Fenster etwas vorbeifliegen. Ich tappte noch etwas verschlafen zum Fenster hin und sah neugierig hinaus. Ich sah eine weiße Eule, die auf einem Baum saß und mir tief in die Augen sah und mir das Gefühl gab, immer da zu sein und auf mich zu achten. Mein Krafttier sprach zu mir, so viel wusste ich in diesem Augenblick, doch noch nie hatte ich das Gefühl gehabt, dass sie mein unteres Selbst spiegelte, ich nahm sie an, aber nur mit Vorsicht, da sie mir neu war in einer Form, die ich noch nie zuvor so gesehen hatte wie jetzt. Über dieses Glück hinaus, dachte ich mir insgeheim, da muss es doch noch etwas geben, im Hintergrund dieser Eule, im Schatten meiner Fantasie ...

Ich begann, als Spiritueller Krieger mit meinem Engel zu sprechen, der sich als Eule offenbarte. Ich schloss also meine Augen und fühlte die Stimme und die gesprochenen Worte dieser Eule. Bilder und Geschichten sah ich vor meinem Auge, verschwommen, dabei jedoch deutlich zu erkennen ...

Mit der Einstellung zu arbeiten, Energie abzugeben und zu stehlen für Wesen, die nicht im Licht stehen ... Sie gaben mir ein Gefühl, mächtig zu sein, alles im Griff zu haben, über allem zu stehen ... Doch ich wurde vom Gegenteil überzeugt, Sie ließen mich glauben!!! Nicht verstehen. Das Gefühl, die Kontrolle zu haben, war überwältigend für einen Augenblick, jedoch wurde dieses nur zur Angst. Angst, die Kontrolle zu verlieren, die ich gar nicht hatte. Angst, zu versagen in einer Sache, die nicht real ist und mir nur Kummer bereitete, weil der Kreislauf der Macht von der Angst zur Euphorie springt und man in einem gewissen Zeitraum nicht einmal realisiert, was man versäumt hat, wieviel sie ei-

nem genommen haben, wieviel ich genommen habe, und wie sich diejenigen Wesen daran ergötzen, wie sie dich von oben sehen und dich insgeheim glauben lassen. Ich betone glauben lassen ...

Ich öffnete meine Augen und war erstaunt über die Botschaft meines Krafttieres, der Eule, konnte diese eher abstrakten Bilder jedoch nicht ganz zuordnen. War es eine Warnung an mich? Ich erinnerte mich an die Eulenfigur, die ich zuvor am Berg gesehen hatte, und wusste in diesem Moment um mein Krafttier! Auch der Gedanke des nicht Greifbaren überkam mich. Vor allem, da die Botschaft der Eule nicht wirklich eine für mich nachzuvollziehende Logik beinhaltete.

„*War dies eine Warnung zum Untersberg?*" fragte ich mich. Ich ging zur Küche und setzte mich, um etwas zu trinken. Bekleidet mit meiner lockeren Jogginghose ging ich anschließend ins Wohnzimmer und ließ mich wieder auf der Couch nieder. Plötzlich fielen mir die Griechenland-Erlebnisse ein, die ich hatte, als ich gelehrt wurde, den spirituellen Weg des Kriegers zu gehen. Meine ersten Erlebnisse, die ich dort gemacht hatte, waren beängstigend. Ich war zuvor eine karmische Verbindung eingegangen, was zu dem Ergebnis beitrug, eine Seele zu lieben, die mir hilft, wahrhaftig zu sein und zu leben.

Der Sinn des Daseins war mir früher verschlossen geblieben. Diese Vorbestimmung in der Vergangenheit war damals meine Dualseele, die mich begleiten würde. Die Partnerschaft, die mich ganz und vollständig erscheinen ließ – mein Seelenpartner und mein zweites Ich – meine Bestimmung für die Vollkommenheit wie die Liebe des Lebens und eben die karmische Verbindung. Doch auch dies reichte nicht aus, um mich verständlich zu machen. Ich ging von einem Weg zum anderen, bis heute, wo ich ein ungefähres Gefühl dafür habe, was der Plan für dieses Dasein war. Jedoch wurde mir klar, dass ich zur damaligen Zeit, als ich meine Duale Seele kennenlernen durfte, anscheinend noch nicht bereit dazu gewesen war. Ich erinnerte mich zurück an jene hübsche Frau, die trotz allem drei Monate an meiner Seite war ...

Ein kurzer Gedanke und ein weinendes Herz, weil ich sie aus Eigenverschulden verloren hatte! Die Gründe waren mein Egoismus und meine Exzesse. Ich begann kurzzeitig zu weinen. Vor allem auch, weil ich weiter dachte, an die Zeit, als ich sie kennengelernt habe. Wie gesagt war das leider in einer Phase, die ich heute noch bereue. Und plötzlich wurde es mir bewusst. Ich erinnerte mich an die Recherchen zur verschwundenen Hochzeitsgesellschaft. *„War das der Grund, warum ich mich in diesem Thema kurz zu verlieren drohte?“* fragte ich mich. Die Verbindung zu meiner damals verlorenen Dualseele? Wenn ich alles zusammenfassen würde, dann wäre dies natürlich die Lösung. Ich sah an die Decke und überlegte kurz. Allem Anschein nach war das wirklich der Zusammenhang der Dinge. Sicher war ich mir jedoch nicht. Ich beschloss, diesen Dingen nachzugehen und auch die begleitenden Warnungen der Eule bei meinen weiteren Wegen in dieser Geschichte ernst zu nehmen. Im selben Augenblick dachte ich an den kommenden Samstag, wo ich den Professor abholen sollte. Die Tage vergingen wie im Flug, teils in Langeweile und mit etwas Gartenarbeit bei mir zuhause, teils bei weiteren Recherchen um den Berg.

Nun war es Samstag.

Als ich am Flughafen in Wien ankam, suchte ich zuerst das Gate auf, aus dem Professor Claras herausspazieren würde. 3AC las ich auf der Ankunftstafel. Ich ging also zielgerichtet zu diesem Gate und wartete auf seine Ankunft. Meine Gedanken kreisten nur um die Erfahrungen, die ich am Untersberg gemacht hatte. Ich steckte mir eine Zigarette an und inhalierte tief in die Lunge. Dabei betrachtete ich aus der Fensterscheibe die Boeing, die vor mir stand und schweifte in Gedanken nach Chile, wo der Professor und ich eine abenteuerliche Zeit hinter uns hatten. Ich erinnerte mich an das Datum zurück, als uns die chilenische Armee in ...

Ein Ruck von hinten und ich erschrak!

„Alter Freund ... Hallo!“, rief Professor Claras.

Ich drehte mich um und starrte den Professor an. *„Professor, puh, erschreckt hast du mich!“* erwiderte ich seine Begrüßung.

„Ach was, wenn du das nicht aushältst, dann weiß ich auch nicht mehr“, befand Professor Claras.

Ich freute mich trotz Schreck und fragte: *„Hast du einen guten Flug gehabt?“*

„Ja, den hatte ich, mein Freund.“

Wir folgten also nach der kurzen Begrüßung, die eher wie ein lockerer Smalltalk verlief, zielgerichtet der Beschilderung zum Ausgang des Terminals in Richtung Parkplatz, zu meinem Auto. Auf dem Weg erzählte mir der Professor von seinem Kongress in Deutschland und wie wichtig seine Rede zum Thema Quantenphysik gewesen sei. Da der Professor eben schon seit Jahren auf diesem Gebiet forschte und einige sehr interessante Entdeckungen gemacht hatte, war er wirklich sehr hilfreich bei meinem Abenteuer. Wir fuhren anschließend in meinem VW Golf zu mir nach Hause und redeten während der Autofahrt über die Abenteuer, die wir früher gemeinsam bei unseren Ausflügen erlebt hatten.

Kennengelernt hatte ich den Professor nach meiner Griechenlandreise. Ich erinnerte mich noch genau an diesen Augenblick. Ich war damals noch ein paar Jahre jünger. Nach der Abreise aus Griechenland hatte ich mich trotz allem entschlossen, noch einen Abstecher nach Ägypten zu wagen. Ich buchte also mein Ticket für einen 2. Klasse-Flug nach Kairo für die folgende Woche. Nach Kairo führte es mich damals nur, um einem Gefühl nachzukommen, das mich dort hingeleitet hatte. Ich streifte ziellos durch diese arabische Stadt. Als ich nach drei Tagen Aufenthalt und einem kurzen Besuch bei den Pyramiden von Gizeh wieder nach Hause fliegen wollte, traf ich den Professor. Er war dort, um einen Vortrag über Archäologie in dieser Region sowie auch über geheime Erkenntnisse der Pyramidenforschung zu halten. Mich interessierte dieses Thema schon damals. Auch übte der Professor mit seinen Leuten im Hintergrund auf mich eine gewisse Anziehungskraft aus, der ich damals nicht standhalten konnte, sodass ich beschloss, an diesem Ort zu bleiben.

Ich hörte mir seine Vorträge an und beschloss nach zwei Tagen, ihn persönlich auf das Thema anzusprechen. In Österreich hatte er in seinem Vortrag erwähnt, einen Fund gemacht zu haben, der auf eine Versunkene Atlantische Kultur hinwies. Ich erhoffte mir natürlich auch Antworten zu diesem Thema, da mich auch das interessierte. Nach einigen sehr interessanten Gesprächen rund um den Mythos Atlantis und andere mystische Dinge hatte sich zwischen uns eine dicke Freundschaft entwickelt. Wir haben damals auch einige Untersuchungen in den Pyramiden, in Luxor und auf anderen Kulissenplätzen in Ägypten vorgenommen. Nach diversen Abenteuern und gemeinsamen Erlebnissen hatte ich eine offizielle Einladung des Professors erhalten, den Freimaurern beizutreten. Verwundert und geehrt hatte ich diese damals jedoch nicht angenommen, aber er weihte mich dennoch in sehr viele Geheimnisse des Ordens ein. Diese Geheimnisse sind für mich heute noch Gold wert.

Nun war ich also schon seit über sechs Jahren ein guter Freund und Eingeweihter des Professors, der bei den Freimaurern in hohem Maß involviert war. Ja, so kann ich das jetzt im Nachhinein betrachten. Vermutlich spielte dabei auch eine Rolle, dass ich ihm gegenüber erwähnt hatte, dass ich zwei Jahre lang bei griechischen Dorfeinwohnern gelebt und deren Spiritualität wie Lebensweise erlernt hatte. Dieses Thema war damals für den wissbegierigen Professor ein sehr spannendes. Und dann folgten unsere ägyptischen Abenteuer, die dazu beitrugen, dass unsere Freundschaft noch intensiver wurde ...

Als wir bei mir zu Hause angekommen waren, hatten wir zunächst einen mäßigen Hunger und beschlossen, uns ein Restaurant zu suchen, um unsere Bäuche zu füllen. Die Wahl fiel auf einen Griechen. Ich liebte griechisches Essen – den Duft von Tsatsiki und Gyros. Ja, das bestellte ich, nachdem wir in dem Restaurant waren und uns einen Platz gesucht hatten. Nach etwas Smalltalk während des Wartens auf die „Götterspeise“, wie ich diese nannte, kamen wir zu dem Thema, wegen dem der Professor nach Österreich gekommen war.

„Also Jürgen, jetzt bin ich im schönen Österreich. Nach deiner eigentlich knappen Erklärung sitze ich jetzt also hier. Erzähle!“

Ich beantwortete seine Frage so gut es ging: *„Ich hab es dir ja gesagt, es ist wie damals in Chile, als wir zusammen auf den Spuren der Nazca-Indianer waren.“*

Er sah mich an und erwiderte: *„Na ja, genau aus diesem Grunde bin ich hier, du erwähntest Chile, also ich warte.“*

Dann erzählte ich ihm von meinen Erlebnissen am Berg. Von jenen Erlebnissen, die nicht mit dem Verstand zu begreifen waren. Zumindest dachte ich das. Das Erlebnis rund um die Pyramiden mit Herrn Dr. Weger und diejenigen am Berg. Ich betonte mehrmals, dass mir die Bergerlebnisse in diesem Zusammenhang nicht real schienen. Zumindest nicht in dem Sinn, was man gemeinhin unter Realität verstand.

Nach längerem Zuhören erklärte mir der Professor in langen Sätzen und Formulierungen eigentlich nur eines, nämlich dass er so, wie er jetzt forscht und arbeitet, immer wieder an solche Ereignisse herankommt und auch schon zu den einen oder anderen recherchiert hat und diese teilweise auch entschlüsselt hat in seinem Wahn zum Mystischen, aber auch Wissenschaftlichen. Besonders interessant waren für ihn meine Aussagen zu Herrn Dr. Weger über die Pyramidenzusammenhänge. Wir sprachen so über eine Stunde lang, doch ich hatte trotz allem das Gefühl, dass er mir nicht alles erzählen wollte und sich sehr bedeckt hielt in seinen Aussagen.

Wir beschlossen, gemeinsam in den nächsten Tagen den Untersberg aufzusuchen und auf ersten Bergwanderungen mit den Recherchen vor Ort zu beginnen. Er erwähnte, dass er noch einige Messinstrumente aus Deutschland mitgebracht hatte, die für die Untersuchung paranormaler Phänomene sowie auch für physikalische Messungen gedacht wären. Das gefiel mir persönlich natürlich sehr, vor allem, weil ich ja nicht so der Wissenschaftler und Nerd war wie der Professor – auch wenn er nicht alles erwähnte, wie ich mir das erhoffte. Über die Pyramiden ließ er sich aus und betonte des Öfteren, dass er hierzu im Moment mit einem Wissenschaftler aus der Schweiz zusammenarbeitete, um irgendwelche Quantenmodelle zu berechnen, die mit irgendwelchen Ideen und Theorien aus der Quantenphysik und der Welt der Neutrinos zusammenhingen. Ich verstand bei all diesen Worten, dies aus seinem Mund kamen, zum Großteil nur Bahnhof, war jedoch trotz allem sehr gespannt auf seine Ergebnisse, die wir gemeinsam an diesem Berg verifizieren wollten.

Auch interessierten den Professor zunehmend meine Erzählungen von den Illuminaten und der Entführung von Dr. Weger in unserem vertieften Gespräch. Nachdem wir länger über diese merkwürdigen Zufälle geredet hatten, sah ich dem Professor jedoch an, dass er sich mit diversen Aussagen immer mehr distanzierte und sich schlussendlich zur Gänze verschloss. Da ich den Professor eben recht gut kannte, wusste ich auch in diesem Moment, dass ich darauf jetzt nicht näher eingehen sollte, weil er ansonsten gar nicht mehr zugänglich sein würde. Ich entschloss mich also dazu, auf meine Art zu beobachten und abzuwarten, sodass ich den richtigen Moment erwischen würde, um mit ihm darüber zu sprechen.

Nach einigen Tagen des eher sinnlosen Dahinlebens und Ausschlafens – essen, trinken und bis in die Nacht in irgendwelchen Wirthäusern sitzen und über alte Zeiten reden – entschlossen wir uns also endlich, am nächsten Tag die Recherchen am Untersberg in Angriff zu nehmen.

Der Berg als Spiegel

Claras stieg zu mir ins Auto und wir fuhren los. Wir fuhren Richtung Unterberg, nach Fürstenbrunn. Das Wetter war schön und der Verkehr nicht übermäßig. Als wir Salzburg passierten, sahen wir ihn: Den schönen und mächtigen, den erhabenen Berg, um den sich so viele Mythen ranken.

„Ewig ist es her, dass ich in Salzburg war", sagte der Professor.

Ich sah ihn an und grinste. *„Es ist schon schön hier! Nicht wahr?"*

Der Professor nickte und schaute etwas geheimnisvoll. Ich sah seinen Blick und den Ausdruck in seinen Augen. *„Was ist los, Professor, warum so ein Gesicht?"*

Er antwortete: *„Oh, es ist nichts, ich freue mich, hier zu sein"*.

Dabei fasste er sich an die Nase. Da wusste ich, dass er gelogen hatte. Ich habe mich in diesem Moment gefragt, warum er so verschwiegen war. Warum er mich allem Anschein nach gerade belogen hatte. Seiner Mimik und Gestik entnahm ich, dass er Angst verspürte. Meine Gedanken kreisten um die Zusammenhänge, aber ich kam zu keinem Ergebnis. Die Abfahrt war 20 Meter vor uns, und ich erhaschte noch einen wunderschönen Blick zum Untersberg, ehe wir sie passierten. In Fürstenbrunn angekommen, stieg ich aus dem Auto und streckte meine Arme und Beine aus, um sie zu dehnen. Der Professor stieg ebenfalls aus und öffnete den Kofferraum.

„Hmm! Ich glaube, ich habe meinen Schwingungssensor nicht mitgenommen, Jürgen!"

Ich drehte mich um und lachte: *„Was, bitte, ist denn ein Schwingungssensor?"*

Er sah mich an und schüttelte den Kopf.

„Das Instrument habe ich vor zwei Jahren gemeinsam mit einem führenden Wissenschaftler in den USA entwickelt. Es ist zwar noch nicht

offiziell, aber mit diesem Gerät kann ich Veränderungen im Quantenfeld der Umgebung messen."

Ich fragte ihn mit einem Lächeln im Gesicht: *„Lieber Freund ... rede bitte nicht mit mir, als wäre ich ein Wissenschaftler. Du vergisst, dass ich einer Anwalts- und Managerfamilie entsprossen bin. Also keinen Dunst von Wissenschaft ..."*

Und er lachte zurück.

„Also für die Anwälte und Chefs unter uns – sobald sich etwas im Zeitgefüge oder in der Umgebung verändert, bekomme ich einen Ausschlag auf diesem Gerät. Also wenn du spazieren gehst und du kommst in ein Zeitloch oder so, dann meldet sich das Gerät."

Jetzt nickte ich erstaunt: *„Sowas habt ihr erfunden?"*

„Ja, aber nicht offiziell, und es bleibt auch unter Verschluss, bis auf weiteres!"

Verwundert sah ich in den Kofferraum und nahm langsam meine Sachen heraus wie Wanderjacke und Schuhe etc. Der Professor öffnete seine Reisetasche und kramte darin herum. Neben hunderten von Aufzeichnungen und irgendwelchen Instrumenten, die da drinnen lagen, holte er eine alte Semmel da raus.

„Und die isst du jetzt?" Es widerte mich an.

„Ja, ich habe Hunger, mein Freund."

Und dann biss er ab. Nun ja, dachte ich mir kurzzeitig ... er war schon immer etwas eigen, dabei grinste ich vor mich hin.

„So lieber Jürgen, was und wie geht's jetzt weiter?"

Ich überlegte kurz und sagte ihm, dass ich noch schnell ins Museum gehen wolle, um mich dort etwas umzusehen. Der Professor erklärte sich einverstanden und meinte, er würde sich dann einstweilen den Ort etwas ansehen. Vor allem auch, um ein Gefühl für den Flecken und die Leute hier zu bekommen. Ich ging also ins Museum und sah mich dort ein wenig um. Die ausgestellten Stücke und Werke aus den Marmorbrüchen waren sehr interessant und hatten eine Geschichte zu erzählen, die wirklich uralt war. Ja, auch das Gefühl der Verbundenheit mit alten Seelen hatte ich dort in diesem Museum. Ich hatte das Gefühl, dass sie mir eine Geschichte erzählen wollten über den Ort und die Geheimnisse, die von ihm ausgingen.

Die Atmosphäre in diesem Raum in diesem Museum war genau so, dass verdrängte Inhalte in mir hochkamen und mich in diesem Moment überwältigten. Ich war hochgradig angespannt, als ich mir die alten Perchten im oberen Stockwerk ansah. Die Geschichte hierzu? – Ja, die Geschichte hierzu stand auf der Holztafel links neben mir und ich las sie fasziniert und ergriffen. Von der wilden Jagd der Percht. Nachdem ich mich im oberen Stockwerk umgesehen hatte, ging ich einen Stock tiefer ins Erdgeschoss, wo mir vorher schon die alten Bücher und Chroniken aufgefallen waren, die in der Vitrine vor der Kasse standen. Hinter der Kasse saß eine ältere Dame, die Zeitung las. Ich war ohnehin der einzige Besucher, also fragte ich sie unverschämt, auf meine Weise eben, ob ich die Chroniken einsehen dürfte. Sie bejagte und öffnete die Vitrine mit ihrem alten Schlüssel.

Ich sah mir gespannt die ersten paar Seiten dieses außerordentlich dicken Buches an. Was mir in die Augen fiel und was ich gedanklich speicherte, war die Geschichte von einem alten Bauern aus dem Jahre 1755, der in den Berg gegangen war. In eine Höhle, die es heute allem Anschein nach nicht mehr gab. Der besagte Bauer berichtete in dieser Chronik von einem hellen Licht und einem Tor mit einer Inschrift darauf. Ich war in Gedanken sofort wieder bei meinem Erlebnis mit dem Berg … Hatte ich nun die Bestätigung für dieses Erlebnis gefunden? Hatte ich nun die Gewissheit, dass mehr dahinter stecken könnte als meine eigene Psyche, die ich ja nun schon in Frage gestellt hatte? Nur fragte ich mich immer wieder: *„Was war das für eine Goldene Stadt, die ich gesehen hatte?“*

Auch Weiterblättern half mir nicht weiter. Ich fand darüber nichts in diesem Zusammenhang. Auf dem Weg nach draußen zum Parkplatz fiel mir plötzlich ein, dass ich genau diese Geschichte für Herrn

Spatz hernehmen konnte. Der Professor war noch nicht hier, und ich zückte mein Handy, um Herrn Spatz eine eilige Mail zu schreiben.

An: Gottfried Spatz
Betreff: Änderung der Dokumentation „Energie in Pyramiden“
Sehr geehrter Herr Spatz,
Als ich bei der Firma Dr. Weger weitere Informationen bezüglich der Pyramiden einholen wollte, wurde mir leider die Mitteilung gemacht, dass dieser entführt wurde. Nach kurzer Überlegung und Zusammenfassung der neuen Recherchen rund um unsere Dokumentation, habe ich mich dazu entschlossen, die Dokumentation verstärkt auf das Thema Mystik und die Zusammenhänge der Pyramiden mit den Illuminaten in Salzburg zu stützen.
MfG Jürgen Draft

Ich sah auf meine Uhr. Der Professor war immer noch nicht hier. Nach kurzer Überlegung entschloss ich mich dazu, meiner Karte, die ich recherchiert hatte, zu folgen und die Gegend etwas zu erkunden. Mit der Wanderkarte als GPS-Ersatz ging ich den Waldpfad steil bergauf und spürte die Kraft der Natur um mich herum. Da ich etwas aus der Übung war, schwitzte ich stark und musste immer wieder tief Luft holen. Der Weg selbst war nicht schwer zu gehen. Ständig dachte ich daran, ob ich die Höhle auch finden würde, da ich ja das erste Mal hier hoch ging. Aber ein paar Zeichen in der Natur und das Rauschen des Wassers ließen mich darauf schließen, dass ich doch richtig war.

Nach etwa 15 Minuten kam ich zum Karlsohr. Als ich dann den Weg in Richtung zur Grasslhöhle hinaufstieg, bemerkte ich, dass ich von völliger Stille umgeben war. Die Sonne blickte zwischen den Bäumen hindurch, und ich ging nach kurzer Besichtigung der Fürstenbrunner Quelle den schmalen Weg im Wald über der Quelle. Zu meiner Linken sah ich bergauf einen Höhleneingang. Das konnte nur die Höhle sein, die in meiner Karte als Grasslhöhle bezeichnet war. Ich ging weiter hinauf. Der Weg unter meinen Füßen wurde etwas steiler, und dann stand ich vor der Höhle. Ich sah Malereien an den Felswänden. Anscheinend hinterließen alle Leute, die hierher kamen, ihre Spuren in den Felsen.

Ich hatte gelesen, dass dies hier ein magischer und energievoller Kraftplatz sei. Als ich die Höhle betrat, sah ich in der Mitte einen großen Stein, und, ausgehend von diesem, eine größere Anzahl kleinere Steine, die dort herumlagen, als habe man mit ihnen gewürfelt. Allem Anschein nach waren hier von den Besuchern der Höhle Symbole ausgelegt worden. Ich sah mich in der Höhle um. Sie war nicht sonderlich groß, etwa 15 Meter im Durchmesser, und sie hatte rote Wände. Es lagen überall Utensilien herum, die wohl von Esoterikern benutzt wurden, die dort Rituale feierten.

Als ich mich an dem Ort umsah und mich hierbei etwas öffnete, um mich hinein zu fühlen, überkam mich eher ein Gefühl der Trauer und der Leere. Das lag aber nicht zuletzt daran, dass hier der von den Besuchern zurückgelassene Müll herumlag. Plötzlich hatte ich Bilder aus meiner Vergangenheit vor Augen. Ich musste daran denken, was ich damals verloren hatte und was ich nicht angenommen hatte in meinem Wahn – als ich noch Manager war und meine Welt geprägt war von materiellem Reichtum, Macht und Geld und Exzessen. Mir kamen kurzzeitig die Tränen, weil ich genau das an diesem Ort surrealistisch stark spürte. Auch die Dualseele und die Liebe, die ich damals weggeworfen hatte, um mir ein Leben zu ermöglichen, das außerhalb der Norm eines normalen Familienmenschen lag.

In meinen Brustkorb konnte ich ein schwaches Druckgefühl wahrnehmen. Ich wusste nicht woher es kam und warum es plötzlich da war. Ja, es war ein Gefühl des Druckes im Brustkorb. Es war still und ich setzte ich mich kurz hin, um den Druck in meinem Brustkorb wie auch die Traurigkeit, die ich spürte, zu verabschieden und wieder zu klaren Gedanken zu kommen. Um mich abzulenken, schoss ich ein paar Fotos von der Höhle und der Umgebung. Ich bewunderte auch die Malereien der Leute, die hier gewesen waren. Nach etwa 15 Minuten Pause und Ruhe mit kleineren Tränen in den Augen folgte ich trotz allen Gedanken wissbegierig dem Weg wieder hinunter und ging zurück, um zu sehen, wo der Professor war.

Auf dem Rückweg zum Auto folgte ich demselben Weg, den ich auch hoch gegangen war. In meinem Hals spürte ich noch die Kälte der Höhle, die Nässe an der Decke und die Starre im Felsen, die ich als Sinnbild der Leere in meinem Herzen empfand. Ich ging in Richtung Auto und sah Licht um mich, in der Natur, die mich umschloss. Die Sonne streichelte die Blätter, und der Wind fegte leicht durch meine Haare. Es war ein wunderbares Gefühl, in der Natur, am Berg und auf diesem Weg zu sein. Ich ging also die Forststraße entlang, bis ich wieder auf dem Waldweg war, der mich zur Höhe gebracht hatte. Während ich da hinunter ging, überkam mich kurzzeitig das Gefühl, beobachtet zu werden. Dieses Gefühl war durchaus etwas beängstigend!

Ich sah mich um und ging vorsichtig weiter. Als ich das erste Knacken im Wald hörte, blieb ich stehen und sah mich um. Sehen konnte ich leider nichts. Langsam ging ich weiter durch den Wald, der plötzlich immer dichter wurde, sodass die Kraft der Sonne immer mehr verschwand. Immer mit dem Gefühl, beobachtet zu werden, tappte ich Schritt für Schritt weiter. Bis mich ein Geräusch im Wald so erschreckte, dass ich erstarrte. Mir viel sofort die Warnung der Eule ein. Ich nahm meine Kamera und schoss wie wild um mich Fotos, um jenen Moment einzufangen, der mir gerade zum Schicksal wurde. Nachdem ich etwa acht Fotos geschossen hatte, sah ich ungefähr 30 Meter vor mir hinter einem Baum eine Gestalt schnell nach rechts laufen. Ich konnte nicht ausmachen, was das für ein Wesen war. Ein Tier war es nicht. Am Anfang dachte ich an ein Reh ... aber nein, es hatte zwei Beine und rannte wie ein Mensch. Als ich mich umsah, erblickte ich noch mehr Dinge, die mich erschaudern ließen. Ich sah einen abgebrochenen Engelsflügel, der am Boden lag und eine Fee, die am Baum saß und sich die Ohren zu hielt.

Als ich mich umsah, kam ich mir vor wie auf einem Schlachtfeld. Dem Schauplatz einer Schlacht, die von den guten und den bösen

Mächten ausgetragen wurde. Einer Schlacht, die noch nicht so lange wütete. Die Geräusche an diesem Platz wurden lauter, und das Licht der Sonne schwand immer mehr und mehr. Mich überkam in diesem Moment das Grauen. Vor allem, weil ich in meine Recherchen die feierliche Umsetzung des Walser Birnbaumes mit einbezogen hatte. Am Tag zuvor war nämlich der Birnbaum feierlich umgesetzt bzw. umgepflanzt worden. Die Sage oder das Gedicht von Adelbert von Chamisso zu dieser Umsetzung erzählt von einer Begebenheit, an die ich mich in diesem Moment bis ins kleinste Detail erinnerte ...

Der Birnbaum auf dem Walserfeld. Es ward von unsern Vätern mit Treuen uns vermacht Die Sage, wie die Väter sie ihnen überbracht; Wir werden unsern Kindern vererben sie aufs Neu'; Es wechseln die Geschlechter, die Sage bleibt sich treu. Das Walserfeld bei Salzburg, bezeichnet ist der Ort, Dort steht ein alter Birnbaum verstümmelt und verdorrt. Das ist die rechte Stätte, der Birnbaum ist das Mal, Geschlagen und gewürget wird dort zum letztenmal. Und ist die Zeit gekommen und ist das Maß erst voll, – Ich sage gleich das Zeichen, woran man's kennen soll, – So wogt aus allen Enden der sündenhaften Welt Der Krieg mit seinen Schrecken heran zum Walserfeld. Dort wird es ausgefochten, dort wird ein Blutbad sein, Wie keinem noch die Sonne verliehen ihren Schein,

1 Da rinnen rote Ströme die Wiesenrain' entlang, Da wird der Sieg den Guten, den Bösen Untergang. Und wann das Werk vollendet, so deckt die Nacht es zu, Die müden Streiter legen auf Leichen sich zur Ruh', Und wann der junge Morgen bescheint das Blutgefild, Da wird am Birnbaum hangen ein blanker Wappenschild. Nun sag' ich euch das Zeichen: ihr wißt den Birnbaum dort, Er trauert nun entehret, verstümmelt und verdorrt; Schon dreimal abgehauen, schlug dreimal auch zuvor Er schon aus seiner Wurzel zum stolzen Baum empor. Wann nun sein Stamm, der alte, zu treiben neu beginnt, Und Saft im morschen Holze aufs neu' lebendig rinnt; Und wann den grünen Laubschmuck er wieder angethan, Das ist das erste Zeichen: es reift die Zeit heran. Und hat er seine Krone erneuet dicht und breit, So rückt heran bedrohlich die lang verheiß'ne Zeit;

2 Und schmückt er sich mit Blüten, so ist das Ende nah; Und trägt er reife Früchte, so ist die Stunde da. Der heuer ist gegangen zum Baum und ihn befragt, Hat wundersame Kunde betroffen ausgesagt; Ihn wollte schier bedünken, als rege sich der Saft Und schwöllen schon die Knospen mit jugendlicher Kraft. Ob voll das Maß der Sünde? ob reifet ihre Saat Der Sichel schon entgegen? ob die Erfüllung naht? Ich will es nicht berufen, doch dünkt mich Eins wohl klar: Es sind die Zeiten heuer gar ernst und sonderbar."[2)]

In diesem Moment wurde mir irgendwie bewusst, dass ich gerade Zeuge der Schlacht unserer Zeit war. Nur wusste ich nicht, ob diese nun auf mich persönlich bezogen war oder eher auf das Große und Ganze wie die Welt und Europa. Auch der Merkurtransit am Vorabend wie die zweistündige, weltweite Aussetzung des Magnetfeldes, von der berichtet worden war, waren seltsame Zufälle in diesem Zusammenhang! Ich beschleunigte daher meinen Schritt und ging Richtung Auto, um diesem Platz zu entweichen.

Nach zehn Minuten Laufschritt kam ich endlich am Parkplatz in Fürstenbrunn an. Mit Erstaunen blinzelte ich in den Himmel und sah wunderbaren Sonnenschein. Wie auch schon meine vorigen Erlebnisse war auch dieses Ereignis nicht für den Verstand bestimmt. Ich stand jetzt beim Auto und fragte mich, wo der Professor war. Als ich mir eine Zigarette anzündete, sah ich im Augenwinkel, dass der Professor die Straße entlang kam. Er fragte mich, wo ich gewesen sei. Ich sah ihn an und antwortete: *„Naja, ich war für ca. 45 Minuten an der Grasslhöhle, weil du noch nicht da warst, als ich aus dem Museum kam."*

Der Professor fragte mich, ob ich schon auf die Uhr gesehen habe. Ich zog meine Hand aus der Jackentasche und sah auf meine Armbanduhr. Es war nichts Schlimmes zu sehen ... Gehzeit etwa 45 Minuten.

„Professor, da sieh her, 45 Minuten ... was hast du denn?"

Er verneinte und legte den Kopf zur Seite. *„Mein Freund, du warst dreieinhalb Stunden unterwegs, ich habe schon gedacht, ich muss die Polizei rufen oder so. Ich bin den Weg abgegangen, und wo warst du?“*

Ich sah ihn vollkommen ungläubig an und musste mich auf die Straße vor mein Auto setzen. Ich schnaufte tief durch und antwortete ihm: *„Schon mal was von Zeitverlusten am Untersberg gehört? Das habe ich gemeint, als ich dich angerufen habe, dass du mir hilfst und mit mir das Phänomen erforschst, um Klarheit zu erlangen.“*

Der Professor sah mich an und schüttelte abermals den Kopf.

„Jürgen, weißt du eigentlich, was du da redest? Entweder du bist verrückt geworden, oder du willst mich auf den Arm nehmen, du willst mir jetzt wirklich erklären, dass du in einem Zeitloch warst?“

Ich sah den Professor an und nickte.

„Weißt du Professor, ich bin jetzt das zweite Mal hier am Untersberg, ich habe Sachen erlebt, die ich mich nicht mal traue, dir zu erzählen, aber das hier geschieht wirklich, ich weiß nicht, was es ist oder warum es geschieht. Jedoch ist es Realität.“

Der Professor sah mich an und ich konnte sehen, wie er überlegte.

„Weißt du Jürgen, ich hörte schon von einigen Zeitphänomenen an diversen Plätzen, ich selber habe in Mexiko die alten Pyramiden untersucht, wo meine ganze Mannschaft auf unerklärliche Art und Weise verschwunden ist. Aber hier in Salzburg, an diesem Berg? Hmmm.“

Ich erwiderte: *„Hast du nie die die Sagen und Berichte gelesen?“*

Der Professor blickte zum Berg, drehte sich um und ging. Ich wusste kurzzeitig nicht, was jetzt geschehen war.

„Professor, Professor!“ rief ich ihm nach. Er ging und ging weiter ohne sich umzudrehen und mich wahrnehmen. Ich nahm einen kleinen Kieselstein und schoss ihm diesen auf den Rücken, sodass er endlich stehenbleiben sollte. Er drehte sich um und ging ein paar Schritte auf mich zu.

„Weißt du Jürgen, es gibt Dinge, die sollten nicht ergründet werden. Und es gibt Dinge, die sollten einfach bleiben, wo sie sind.“ Der Professor redete etwas lauter. Er setzte sich auf die Holzbank neben dem Bach, die durch Fürstenbrunn ging, und fing an, Tränen regnen zu lassen.

„Was ist los, alter Freund?“ fragte ich ihn. Er blickte auf den Boden …

„Jürgen, in Mexiko haben wir einen Zugang gefunden, der tief in den Bau der Pyramide führte. Wir haben diesen erkundet. Die offizielle Berichterstattung wurde von mir als Leiter des Projektes nicht weiterverfolgt. Ich war so getrieben von Abenteuerlust und Neugierde, dass ich alles liegen und stehen gelassen habe. Seit der Ausgrabung des Tores an dieser Pyramide dauerten meine Forschungen an dem Ort für weitere fünf Monate an. Wir waren eine Gruppe von zehn Wissenschaftlern und führten Tag für Tag Expeditionen noch tiefer in diese Pyramide durch.“

„Was passierte dann, Professor?“ fragte ich ihn.

„Weißt du … es gibt eben Dinge, für die sind wir noch nicht bereit.“ Und er weinte vor sich hin.

„Was war dort, sag schon!“, erhob ich meine Stimme etwas.

„Jürgen, wir fanden den Zugang zu Agartha.“

Ich sah ihn an und konnte nicht fassen, was er mir da sagte.

„Ihr fandet den Zugang zu Agartha? Warum hast du das nie erwähnt?“

Der Professor sah mich an.

„Alle, die an diesem Projekt beteiligt waren, sind verrückt geworden!!! Allesamt!!! Sie fingen an, Selbstmord zu begehen und sich gegenseitig zu erschlagen. Drei sind spurlos verschwunden in den geheimen Gängen der Pyramidenstollen.“

Ich zuckte kurz zusammen und fragte ihn: *„Ja, aber was hat das mit dem Untersberg zu tun?“*

Der Professor schüttelte den Kopf.

„Wir gingen durch Agartha und sahen im Zentrum eine riesige Stadt, wie du sie gesehen hast! Wir sahen einige Pforten zu anderen Ländern. England, Antarktis, Ägypten, Chile. Ja, und auch Salzburg."

„Ok, du sagst also, dass der Untersberg ein Eingang zu Agartha ist. Ok, mag ja sein! Aber was hat es mit den Warnungen auf sich, die ich hier bekommen habe, und wie bist du zu dem Zugang nach Agartha gekommen? Wie weit wart ihr drinnen, in der Erde?"

Der Professor erwiderte: *„Ich glaube, dass dieser Eingang zu Agartha von Wächtern beschützt wird. Von Welten zwischen den Welten, die sich in dieser Form verdichten und materialisieren und zum Vorschein bringen, was eben gerade an diesem Platzgefüge geschieht. Natürlich im Zusammenhang mit all den Kraftlinien, Wasseradern und Magnetfeldern, die hier vorherrschen. Wir fanden eben den Zugang. Diesen kannst Du dir als einen Lift oder eine Teleportationsöffnung vorstellen!"*

Er sah in den Himmel und sagte: *„Bei meinen Recherchen ist mir aufgefallen, dass die Punkte – oder besser gesagt diese Eingänge nach Agartha – die Energieentladungen der Erde seien. Weißt du, alles besteht aus einem Pyramiden-Kubus-System: die Luft, die Materie, alles, du kannst alles berechnen, sogar Multidimensional, und den Bezug zu anderen Sternen herstellen. Und das nur mittels der Pyramidenform. Und diese Orte sind laut meinem Berechnungs-Modell genau die Entladungsstellen der Kubusform in der Erdkruste."*

„Also du sagst, dass alles sich an diesen Plätzen entlädt? Aber was?"

„Alles, einfach alles. Natürlich ortsgebunden! Alles, was das Massenkollektiv denkt oder tut, der Druck entlädt sich an der stärksten Stelle, in diesem Fall im Herzzentrum von Europa, wie auch der Dalai-Lama sagte ... dem Untersberg."

Ich sah den Professor skeptisch an.

„Das heißt also, alles Dunkle und alles Gute kommt hier zum Vorschein? Und warum Agartha?“

„Weißt du, Agartha ist eine Welt, die ich bis heute nicht verstanden habe, ich weiß nur, dass wenn man diesen Ort mit dem Verstand verstehen oder diesen sogar erforschen möchte, man mit sehr gefährlichen Dingen konfrontiert wird!“

Ich sah zurück in den Wald, um zu erinnern.

„Was für gefährliche Dinge?“

„In diesem ... Agartha ist ... sämtliches Unterbewusstsein der Menschen abgespeichert.“

„Wo hast du dieses Wissen her?“

„Ich musste meine Opfer in dieser Geschichte bringen! Ich verlor durch diese Informationen meine Familie, ich wurde gewarnt und ich wurde ...“

Er redete nicht mehr weiter und senkte den Kopf. Trotz meines Versuches, mit dem Professor weiter über diese Thema zu sprechen, spürte ich, dass er sich immer mehr in sich selbst zurückzog und sich mir gegenüber verschloss. Wir gingen also weiter. Der Weg führte uns schweigend durch den Wald entlang der Straße, neben dem Bach. Wir gingen also den Weg am Bachbett entlang und beobachteten die Natur. Keine Gedanken und keine Worte. Still war es um mich und um den Professor. Unser Weg führte uns zum Veitlbruch an der Römerstraße. Nach etwa 45 Minuten Gehzeit standen wir vor einer kleinen Kapelle. Über uns der Veitlbruch, von dem schon so viel erzählt wurde.

Ich ging nach kurzer Inspektion der Gegend in die Richtung dieses Bruchs und sah mich dort etwas um. Der Professor wartete bei der kleinen Kapelle und ruhte sich einstweilen etwas aus. Als ich nun an diesem magischen Platz stand, überkam mich ein etwas ungutes Gefühl. Ich sah mich etwas um und hörte plötzlich vor mir im Wald ein

Rauschen in den Büschen. Ich versuchte, das etwas näher zu ergründen und ging diesem Rauschen hinterher. Nach ein paar Metern in der weich gewordenen Erde blieb ich stehen und rief dem Professor zu, dass er kommen solle. Mit Verwunderung stellte ich fest, dass der Professor nicht hier war. Ich ging also ein Stück zurück und sah mich um. Dabei stellte ich fest, dass ich plötzlich neben dem Professor stand.

Wir standen jetzt vor einer Höhle und beobachteten das Geschehen und die Umgebung. Schon der unerklärliche Eintritt in dieses Tal, in dem sich die Höhle befand, war von einem Gefühl der Angst begleitet. Unwohlsein und Angst überkamen mich. Nach einem kurzen Rundumblick und Fragezeichen in der Luft, da wir nicht nachvollziehen konnten, wie wir hier hergekommen waren, stiegen wir skeptisch und ohne Worte auf. Ich für meinen Teil war so geistesabwesend in diesem Moment, dass ich nicht einmal wusste, welches Datum wir heute hatten. Der Aufstieg zur Höhle war rutschig, weil sich am Bach eine Vorrichtung zum Schutz gegen das Hochwasser der Schneeschmelze befand, die ständig überlief.

Als ich nun bei dieser Höhle stand, richtete ich meinen Blick in ihr Inneres. Es war stockdunkel, und auch hier hatte ich schon beim Einblick ein sehr eigenartiges Gefühl. Der Professor und ich sahen uns an und überlegten, ob wir da nun wirklich hineingehen sollten. Der Professor entschied, draußen zu warten und ein Seil um meine Hüfte zu legen, das ich mir anbinden sollte, um auf Nummer sicher zu gehen. Es könnten auch Gesteine runter fallen und mich verschütten. Ich band mir also das Seil um die Hüfte und wagte den ersten Schritt in die Höhle. Unter meinen Füßen Schlamm und Blätter, und es wurde kühler und kühler. Bei jedem Schritt sah ich zum Eingang der Höhle zurück. Das Gefühl der Angst und das Schaudern wurden immer größer und heftiger.

Ich nahm meinen Kompass aus der Jackentasche und zückte meine Taschenlampe, um überhaupt irgendetwas sehen zu können in der Finsternis. Komischerweise sah ich trotz Lampe so gut wie gar nichts, obwohl diese sehr stark war. Ich blickte auf meinen Kompass und konnte auch hierbei nichts Ungewöhnliches feststellen. Der Kompass schien die richtige Richtung anzuzeigen. Der Professor schrie, ob alles ok wäre. Ich antwortete ihm mit lauter Stimme: „*Alles ok!*".

Meine Stimme überschlug sich in den Wänden der Höhle, da es hier ein natürliches Echo gab. Als ich weiterging, fing plötzlich mein rechtes Bein an, weh zu tun. Als wäre ich in irgendetwas eingeklemmt. Ich ging weiter und versuchte, nicht mehr an den Schmerz zu denken. Als ich mich im Schein des Lichtes meiner Taschenlampe umsah, stellte ich fest, dass hier schon einige Leute gewesen waren. Es sah hier aus, als würde die Höhle für Rituale benutzt werden. Am Boden konnte ich neben einigen Räucherstäbchen und Steinsymbolen auch ein in die Erde gezeichnetes Symbol erkennen. Es erinnerte mich an das Gespräch mit dem Illuminaten vor einigen Monaten, der mir auch berichtete, dass ein Geisterseher als Magier und Anhänger der Illuminaten im Jahre 1979 am Untersberg zeittypische Elemente wie Geisterbeschwörung, Spiritismus und Verschwörungen im Katholizismus erforschte und Rituale für Beschwörungen veranstaltete.

Die Erinnerung kam mir vor allem deshalb, weil ich das Symbol des Ordens sowie die Jahreszahl 1979 mit dem Namen ‚Schiller' an der Höhlendecke entdeckte und das mit dieser Geschichte in Verbindung bringen konnte. Fragen kreisten in meinem Kopf. Wurde dieser Platz von den Illuminaten und anderen Gesellschaften genutzt? Die Zusammenhänge wurden mir deutlicher, als ich mir die Höhlenwände ansah, an denen unter anderem künstlich angebrachte Einkerbungen zu sehen waren, die an Pyramidenformen erinnerten. Auch fand ich eine ganze Reihe an Utensilien, die – wie ich vermute – aus dem Zweiten Weltkrieg stammten. Ich betrachtete die Höhlenwände und sah auch hier Salzablagerungen und diverse andere Gesteinsschichten.

Bei allem, was ich hier sah und beobachtete, überkam mich Angst und ich schauderte. Ich hatte Anflüge von Panikattacken und wusste nicht, wie mir in dieser Höhle geschah. Als ich mich umdrehte, konnte ich den Ausgang nicht mehr sehen. Ich fing an, zu hyperventilieren, bekam keine Luft mehr und mein Brustkorb zog sich zusammen, als ich in die Ecke bzw. an das Ende der Höhle sah. Das Licht meiner Lampe wurde auch immer schwächer. Also holte ich mein Smartphone aus der Tasche und schoss willkürlich ein paar Fotos mit Blitz, um diese irgendwann später betrachten zu können.

Das Licht meines Handys war mir ein Helfer in diesem Augenblick der Angst. Als ich zurückgehen wollte, sah ich vor mir eine Gestalt im Schatten des Lichts, die zusammengekauert am Boden saß und in die Ecke der Höhle starrte. Ich lief wie in Todesangst und gehetzt aus der Höhle hinaus und kniete mich dann auf den Boden, um Luft zu holen. Der Professor fragte mich ganz erstaunt, was los gewesen sei. Ich erzählte ihm von meinen Erlebnissen, und er sah mich fragend an.

„Ich gehe da jetzt rein, Jürgen!“

Ich sah ihn an und erwiderte sein Verlangen: *„Du gehst da jetzt rein? Tu es nicht, Professor!“*

Er ging los, ohne auf mich zu hören, und verschwand in der Dunkelheit der Höhle. Ich konnte es in diesem Moment einfach nicht fassen und rannte ihm trotz Todesangst und Panik hinterher. Allein konnte ich ihn nicht da hinein lassen, dachte ich mir. Als ich ihn einholte, stand er am rechten Höhlenende und übergab sich. Ich klopfte ihm auf den Rücken und sagte ihm, dass dies nicht real sei! Er zeigte mit dem Finger an die Felswand am Ende der Höhle und ich schaute in diese Richtung. Was sich mir darbot, war die Hölle pur. Ich sah ein riesiges Gesicht mit einem weiteren Eingang, das sich im Auge des Gesichts befand. Hier saß so eine Art Ratte, die einlud, einzutreten. Ich nahm den Professor unter meinen rechten Arm und lief mit ihm so gut und so schnell es ging aus der Höhle hinaus.

Draußen setzten wir uns auf einen Stein, um durchzuatmen und um uns zu besinnen. Fragend sahen wir uns an und mussten kurz lachen – vor allem, weil wir wieder das Gefühl hatten, dass es uns gut ging. Die Warnungen der Eule waren allem Anschein nach nicht ohne Bedeutung, dachte ich mir.

„Professor, ich habe da so ein Gefühl, was sagst du zu dieser Sache?“

Er sah mich an und sagte: *„Ja, in Mexiko haben wir dasselbe erlebt. Nur etwas anders. Ich kann es nicht genauer sagen, aber ich denke, hier sollten wir nicht weiterforschen, Jürgen.“*

Auf seinen eigentlich weisen Rat erwiderte ich: *„Ja, Professor, ich gebe dir Recht, aber ich glaube, dass hier weit mehr passiert ist als was in den Büchern steht. Ich glaube, dass dies hier ein Eingang ist.“*

Der Professor sah mich an und nickte: *„Ja das glaube ich auch. Vor allem habe ich dies in Mexiko in Schriften gefunden, die auf die Unterwelt hindeuten ... die Eingänge, und wie man diese betreten kann.“*

Dann zeigte er auf die in den Fels gebohrten Löcher und die Scharniere, die aus dem Fels beim Höhleneingang herausragten. Die Scharniere erinnern an eine Tür, die vor Jahren dort angebracht worden war. Zumindest sah es genauso aus. Es könnte auch einen Zusammenhang geben mit dem Bericht des Ordensbruders der Illuminaten, dass im Zweiten Weltkrieg von der Paranormalen Gesellschaft der Hitlerverbindung Höhleneingänge verschlossen wurden, die in diesen Bereichen genau an diesem Kraftort forschten und Experimente im Bereich der PSI-Forschung sowie auch Menschenversuche durchführten. Auch eine in Stein gemeißelte Inschrift hatte er vor der der Höhle registriert: *XPIPBISYIBCN*

Das war die Inschrift, die er mir zeigte. Ich sah fassungslos auf die Buchstaben, die im Fels eingeritzt waren, und mir fielen die Schriften wieder ein, die sich in den Chronikbüchern im Museum befanden.

„Verdammt nochmal, diese Inschrift habe ich im Museum bei der Chronik gefunden, als ich, bevor wir weggegangen sind, einen Blick rein geworfen habe.“

Der Professor sah mich an und sagte *„Lass es ruhen, glaube mir.“*

„Nun ja, in den Chroniken wurde von einem Licht in den Höhlen des Berges berichtet. Einem zentralem Licht, das sich irgendwo ganz tief unten zeigen sollte. Und da war diese Inschrift auch vermerkt.“

Der Professor sagte: „*Der Eingang zu Agartha, mein Freund, der Eingang zu Agartha!*“

Ich nickte und bejahte seine Argumente.

Wir gingen nun zwischen den Bäumen weiter. Meine Gedanken konnten sich jedoch von den Ereignissen nicht mehr lösen. Als wir uns umsahen, bemerkten wir zu unserem Erstaunen, dass wir bei den Bäumen am Veitlbruch standen.

„*Professor, was ist jetzt los? Ich weiß nicht, aber sind wir wieder in ein Zeitloch geraten?*“

Er sah mich an und erwiderte: „*Äh ... ich bin mir nicht sicher, aus irgendeinem Grund wurden wir jedenfalls in diese Höhle katapultiert.*“

Beim Hinuntergehen, an den Bäumen und dem Bach entlang, beobachtete ich den Professor, wie er sich in seinen Gedanken verlor. Er sah eher etwas niedergeschlagen aus. Das Erlebnis in dieser Geisterhöhle hatte ihn wohl allem Anschein nach ein wenig mitgenommen. Ich kam in dieser Situation jedoch nicht umhin, ihn anzusprechen und ihn zu fragen, was es war, das ihn so beschäftigte.

„*Professor, du siehst so niedergeschlagen aus*“, tastete ich mich langsam und behutsam vor.

Er starrte während dem Gehen immer noch auf den Boden. „*Weißt du, Jürgen. Ich erzählte dir ja, dass ich meine Opfer gebracht habe bei der Erforschung der Mexiko-Pyramiden.*“

Er erzählte mir von Erlebnissen, die ähnlich den unseren waren, als wir uns in dieser Geisterhöhle befanden. Er erzählte außerdem von Warnungen, die er bezüglich seiner seine Forschungen und Entdeckungen erhalten hatte.

„*Wir haben ja den Zugang nach Agartha gefunden, in Mexiko. Als wir nach einer langen Geschichte nun vor diesen Toren standen, inmitten der Pyramiden, hatten wir die Inschrift, die sich auch dir im Museum zeigte, endlich deuten können, um den Eingang nach Agartha zu passieren.*“

Ich hörte ihm gespannt zu und fragte ihn natürlich über die Inschrift aus.

„XPIPBISYIBCN bedeutet nichts anderes wie – Folge dem Weg, der dich leitet und dich verführt, arbeite am Stein und erschrecke vor dir selbst, bevor du die Erleuchtung erfährst und eintrittst ins Reich der Unseren.“

Er sah mich an und erhob seine Stimme etwas, heraus aus der depressiven Stimmung, die ihn bis hierher begleitet hatte.

„Also ja, wir fanden den Schlüssel. Wir wussten um alle Recherchen und Entdeckungen und hatten sämtliche Berechnungen nachjustiert. Vor allem auch im Hinblick auf die quantenphysikalischen Erkenntnisse, die wir in diesem Zusammenhang erreichten.“

„Und was hast du da für ein Opfer gebracht?“, fragte ich den Professor.

„Lass mich ausreden, Jürgen. Wir untersuchten und analysierten die Inschrift, haben sie sogar entschlüsselt – konnten sie aber eben zur damaligen Zeit noch nicht verstehen und deuten. Meine Männer bzw. mein Forschungsteam und ich waren damals etwa 1.950 Meter ins Pyramideninnere und bergab vorgedrungen und hatten dort ein Basislager aufgeschlagen. Wir waren in Summe fünf Monate da unten. Nach und nach verloren wir allesamt den Verstand, und drei von meinen Männern erschlugen sich gegenseitig, im Streit, nein Wahn um ihre konkurrierende Wissbegierde.“

Ich sah den Professor an und staunte nur über seine Erfahrungen.

„Als mein alter Studienkollege uns nach einem Monat in der Pyramide aufsuchte, um uns die Ergebnisse der Recherchen zu dieser Inschrift zu übergeben, konnten wir auch eine Verbindung zu den Samadhi Höhlen im Himalaya finden. Der Überlieferung nach gab es in diesen Höhlen Stufen bis tief ins Berginnere, wo dich eine tiefe spirituelle wie – ja – beinahe göttliche Präsenz in Empfang nimmt. Man geht dort Stufe um Stufe hinunter, und es wird immer schlimmer, je tiefer du

gehst. Bist du nicht reinen Herzens, wirst du nach der zweiten oder dritten Stufe so starke Schmerzen erfahren am eigenen Körper, dass du dich nicht mehr wagen würdest, weiter zu gehen. Aber dies ist eben nur eine Geschichte.“

Er setzte sich kurz an einen Stein und erzählte weiter wie ein sprudelnder Fluss, der sich seinen Weg schlagen wollte.

„Wir waren damals jung und unerfahren. Wir waren allesamt getrieben von der Gier nach Ansehen und von der Wissenschaft, so dass wir auf das wirklich Wichtige nicht mehr achteten. Als wir eben unsere Wege weiter gingen in dieser Pyramide, mit all den Erkenntnissen, die uns vorlagen, hat uns dieser Eingang nach Agartha in die Knie gezwungen. Ich persönlich ging zur damaligen Zeit einen Pakt mit dem Teufel ein. Naja, es war vielleicht nicht gerade der Teufel, jedoch offenbarte sich mir ein Wesen, das mich das Reich der Unterwelt und der Geheimnisse betreten ließ.“

Ich erstaunte über seine Worte und fragte: *„Was für ein Wesen?“*

„Es war wie ein Bote, so sah es für mich auf alle Fälle aus. Er gab mir einen schwarz-violetten Stein mit auf den Weg. Es sagte mir, dass er diesen eines Tages wieder haben möchte. Es ließ mich lachend passieren und setzte mir noch eine Frist, um den Stein zurückzubringen. Die Frist lief ab diesem Datum genau fünf Monate. Getrieben von Abenteuerlust und Selbstsucht ging ich nun den Weg nach Agartha und erblickte darin die Goldene Stadt. Zumindest die Anzeichen dafür. Als ich nach einigen Tagen darin war und ich dem Weg der Zeichen immer weiter folgte, sah ich diese Stadt. Nur – sie war nicht aus Gold.“

Er verstummte in seinen Erklärungen und stand auf, um weiterzugehen.

„Was hast du gesehen Professor?“ fragte ich ihn voller Erwartungen.

„Stille und Dunkelheit, mein Freund. Ja, genau. Stille und Dunkelheit.“

Als ich ihn ansah, wusste ich, dass ich keine weiteren Fragen stellen konnte. Er benahm sich wie ein Irrer. Er schüttelte den Kopf und sah nach links und rechts, wie wenn er orientierungslos geworden wäre. Ich wollte kurzzeitig meinen Augen nicht trauen, als ich den doch eher standhaften Professor so verwirrt vor mir sah. In Gedanken und beim weiteren Heruntergehen von der Anhöhe, auf der wir uns befanden, konnte ich nicht umhin, mich umzusehen. Ich erstaunte trotz der haarsträubenden Geschichte, der ich soeben ausgesetzt war, über die Pracht der Natur, die uns in diesem Moment umgab. Dieser Ort hatte etwas sehr Magisches. Es in Worte zu fassen, ist unmöglich.

Ich sah einen Baum, dessen Anblick mich nicht mehr losließ. Es war die Schönheit der Rinde und der Geruch von Moos und Holz. Ich hatte mich in diesen Baum verliebt. Ich ging einen Schritt nach vorne, an diesen Baum heran und sah dessen Pracht und Vollkommenheit inmitten der Berg- und Frühlingsluft, die ich voller Inbrunst einatmete. Als ich dem Baum näher kam, hörte ich ein Lied in meinem Ohr. Ich hörte aufmerksam zu und versuchte auszumachen, was dies nun sei. Als ich näher an den Baum trat, hörte ich die Musik noch lauter. Ich erschrak kurz und trat ein paar Schritte zurück, um zu beobachten, was geschah.

Die Musik war verstummt. Als ich wieder zum Baum ging, hörte ich die Musik erneut. Bei genauerem Hinhören wurde mir klar, dass diese Musik eine Art Hochzeitsmusik war. Ich konnte nicht ausmachen, von wo sie kam. Jedoch hörte ich, ganz eindeutig, in voller Pracht die Musik einer Hochzeitsgesellschaft. Als ich mich etwas in der Gegend umsah, sah ich plötzlich einige Leute, die weiß gekleidet waren. Kurz über der kleinen Bergkuppe, auf der ich eben stand.

Als ich ein paar Schritte hinaufgelaufen war, um zu sehen, was da nun wirklich vor sich ging, musste ich feststellen, dass nichts dergleichen zu sehen war. Ich drehte mich in Richtung des Professors, um ihn in von dieser geisterhaften Erscheinung in Kenntnis zu setzen. Als ich den Mund öffnete, um ihm zu rufen, sah ich, dass er wie ein Verrückter den Waldweg auf und ab lief. Ich begriff sofort, dass er den

Verstand verloren hatte. Als ich mich wieder umgedreht hatte, um zu beobachten, was ich glaubte gesehenen zu haben, erhielt ich plötzlich einen Stoß, ich wusste nicht woher. Ich fiel vor dem Baum hin und mein Körper gab der Wucht nach und rollte zwei bis vier Meter den Hang hinunter. Voller Schreck sah ich hinauf, um nachzusehen, was mich gestoßen hatte.

Als ich aufstand, um mich umzusehen, hörte ich plötzlich einen schrillen Ton, der meine Ohren für einen Bruchteil von Sekunden betäubte. Ich ging vor Schmerz in die Knie und hielt mir die Ohren zu. Nachdem das Geräusch verstummt war, kniete ich vor dem Baum und sah diesen an. Ich fing an zu weinen wie ein kleines Kind, als ich da hinaufsah. Mir schossen sämtliche Gedanken an meine damaligen Erfahrungen mit meiner angeblichen Lieb- und Dualseele in den Kopf. Trauer und Wut überlagerten sich in meinem Dasein, und ich hörte plötzlich statt der Hochzeitsmusik eine Art Trauerlied vor einer Kapelle. Ich nahm mich zusammen und lief zum Professor, um diesen auf den Weg zur Straße zurückzubringen.

Als ich in Panik den Hang hinunter lief, stolperte ich über einen Stein, der im Weg lag. Ich schlug mit meiner Schulter an den Ast eines Baumes, der an der Stelle aus der Erde herausragte, an der ich aufschlug. Schmerz durchbohrte meinen Körper, und ich musste einen kurzen Schrei hinaus lassen. Der Professor bemerkte dies nicht, weil er so in seinen irren Gedanken war, die ihn immer noch wahnhaft auf und ab laufen ließen.

Ich stand auf und hielt meinen Arm, der immer noch schmerzte. Humpelnd ging ich zum Professor, der am Straßenrand auf und ab irrte. Als ich nun meinen Blick von der Erde weg in Richtung des Baumwipfels erhob und nach oben blickte, sah ich, dass es plötzlich zu schneien begann. Von einer Sekunde auf die andere, von gefühlten 20 Grad plus auf 10 Grad minus. Ich hatte ein Gefühl der totalen Verwirrung, das sich nicht in Worte fassen ließ. Das war logisch nicht erklärbar und passte nicht zur Situation in diesem Zeitpunkt. Als wir nun im Schneefall wieder auf die Straße zurückgingen, sah der Professor dort plötzlich einen eher älteren Jeep. Er gab mir einen kurzen Rempler, sodass ich diesen nun auch bemerkte. Wir gingen langsam an dem Jeep vorbei, und es stiegen zwei ältere Männer aus, die sich als Militärangehörige entpuppten. Wir dachten uns hierbei noch nicht viel, da ja das Bundesheer in dieser Gegend ohnehin massenhaft präsent war, vor allem auch wegen der aktuellen gigantischen Flüchtlingsflut, die Österreich und Deutschland erfahren musste.

Beim Hinuntergehen zur Straße warf ich noch einen Blick hinter mich und stellte fest, dass diese Leute sehr altmodisch angezogen waren und der Jeep eher aussah, als wäre er aus dem Zweiten Weltkrieg oder noch älter. Mich überkam kurzzeitig ein Gefühl von Unbehagen. Trotzdem gingen wir den Weg zum Parkplatz weiter, um zum Auto zu gelangen. Nach all diesen Erfahrungen waren wir beide nun zugegebenermaßen durch den Wind.

Der Professor hatte sich gar nicht mehr eingekriegt. Er benahm sich immer noch wie ein Verrückter. Er stammelte vor sich hin, ohne jegliche Zusammenhänge, und schlug sich ständig mit der Hand gegen den Kopf. Er sah immer wieder orientierungslos nach oben und nach unten und ich hatte diesbezüglich große Sorgen um ihn. Er nahm nicht einmal wahr, dass wir am Auto angekommen waren. Ich half ihm auf den Autositz. Als er nun endlich drinnen saß, sah ich voller Sorge um ihn nochmals zurück auf den Berg und entschloss mich, nun zu starten in der Hoffnung, bald nach Hause zu kommen.

Als ich zufällig auf meine Uhr sah, die sich im Auto befand, stellte ich fest, dass ich allem Anschein nach vier Stunden meines Lebens verloren hatte. Ich prüfte die Uhr an meinem Handgelenk und verglich sie mit der Uhrzeit im Auto. Dass diese beiden Uhren gleich gestellt waren, hatte ich noch geprüft, als wir vom Auto weggingen. Allem Anschein nach waren wir in ein Zeitloch geraten. Ich fragte mich die ganze Zeit, wo und wann dies gewesen sein könnte.

Als wir die Straße zurückfuhren, sah ich zu meiner Verwunderung, dass beim Veitlbruch ein VW Golf des Bundesheeres stand, genau dort, wo ich vor fünf Minuten den alten Jeep aus dem Zweiten Weltkrieg gesehen hatte. Für den Verstand nicht begreiflich, weil es gerade mal fünf Minuten her war. Ich hatte nun ebenso Angst, den Verstand zu verlieren und so durch den Wind zu sein wie der Professor. Ich blickte nicht mehr zurück. Ich fuhr weiter und weiter, von einer grauenhaften Angst begleitet und von der Hoffnung, dass sich mein Verstand und der des Professors bald wieder normalisieren würden. Vor allem nach diesen Ereignissen, die unsere Schattenseiten widerspiegelten und uns beide an vergangene Sünden erinnerten.

Abb. 3: Die Chronik aus dem Museum.

Eine Dunkle Seite

Als wir bei mir zu Hause angekommen waren, begleitete ich den Professor ins Haus, so dass er es sich im Wohnzimmer bequem machen konnte, um sich wieder einzukriegen. Ich räumte meine Expeditionsutensilien aus dem Auto und verstaute diese vorerst im Keller vor meinem Büro, vor allem, weil ich das Gefühl hatte, in Ruhe in mich gehen zu müssen. Dann nahm ich mein Smartphone aus der Tasche und sah, dass sich Herr Spatz mit einer Mail gemeldet hatte.

An: Jürgen Draft
Betreff: AW: Änderung der Dokumentation ‚Energie in Pyramiden'.
Sehr geehrter Draft,
Ich hatte den Bericht zur Entführung an Herrn Dr. Weger gehört. Ich hoffe, Sie haben die Informationen zu den Pyramiden erhalten, wie von uns besprochen! Ich kann Ihnen hiermit nicht zustimmen, dass Sie den Verlauf der Dokumentation ändern!! Ich erwarte von Ihnen, dass sie mir in drei Wochen verwertbare Informationen diesbezüglich auf den Tisch legen.
Mfg, Andreas Spatz

Mein Ende war besiegelt, dachte ich mir sofort, nachdem ich die eher schroffe Mail von Herrn Spatz gelesen hatte. Als sich mein Blick in Richtung der Bürotür wandte, sah ich, dass im Keller die Tür aufgebrochen war. Ich ging also in mein Büro, um nachzusehen, was dort geschehen war. Es war völlig verwüstet. Die Kästen waren ausgeräumt, und meine Notizen und alle Bücher lagen wild auf dem Boden herum. Irgendjemand hatte hier gewütet, um etwas zu finden, dachte ich mir und war schweißgebadet.

Mir gingen sämtliche Gedanken durch den Kopf, und ich war kurz davor, die Beherrschung wie den Verstand zu verlieren. Waren es die Illuminaten, die uns damals schon gewarnt hatten? War es Herr Spatz oder seine Gefolgsleute, die mich unter Druck setzten wegen der Dokumentation? Waren es andere Gesellschaften, an die ich mich gewandt hatte, um mehr von den Zusammenhängen mit den Illuminaten und den Pyramiden zu erfahren? Ich erinnerte mich daran, dass ich die Telefonnummer ja im Empfang von Herrn Dr. Weger hinterlassen hatte, als ich dort anrief. Vielleicht war das die Spur, die zu mir führte?

Ich wusste es einfach nicht. Vor allem hatte ich keine Idee, was hier gesucht wurde. Mit Unwissenheit und einem Gefühl der Angst ging ich hinauf zum Professor in der Hoffnung, ihm das zeigen zu können. Als ich im Wohnzimmer ankam, sah ich, wie der Professor auf der Couch lag und allem Anschein nach eingeschlafen war. Ich ging zu ihm, um ihn zuzudecken. Da bemerkte ich plötzlich, dass zwischen seiner Hand und der Fernbedienung, die sich auf der Couch befand, Tabletten und eine Spritze lagen. Ich riss meine Augen auf und geriet in Panik. Ich fühlte seinen Puls. Dieser war sehr schwach. Wie ein Irrer rannte ich hinunter zu meinem Smartphone, um die Rettung anzurufen. Ich konnte in diesem Moment keinen klaren Gedanken fassen, und mir war nicht bewusst, was hier eben passiert war.

Als der Rettungswagen nach einigen Minuten mit Blaulicht eintraf, meinen Angaben wie Beschreibungen folgte und den Professor mit einer Trage zum Auto brachte, spürte ich plötzlich, wie meine Füße zittrig wurden und nachgaben. Ich kniete auf der Wiese vor meinem Haus. Tränen und Schüttelfrost, zittrige Hände und Angst – diese Folgen des Stresspegels, der sich nicht mehr beruhigte und der Erfahrungen, die einem den Verstand rauben konnten, wurden jetzt in diesem Moment zu meinem Schicksal. Ich sah den Rettungswagen noch abfahren, in einem düsteren Licht meiner Augen, die immer verschwommener wurden, durch meine Tränen hindurch, die aus meinen Augenhöhlen quollen. Dann schlug ich auf, seitlich mit dem Kopf gegen die Pflastersteine ...

Nach der offensichtlichen Ohnmacht .... Ich stand auf und blickte mich um. Es war 08:00 Uhr, als ich auf meine Uhr sah. Ich stand im Garten, vom Regen durchnässt, der mich offensichtlich überrascht hatte, als ich auf der Wiese lag. Zu meiner Verwunderung war ich fast neun Stunden weggetreten gewesen. Ich fasste mir an den Kopf und konnte feststellen, dass ich mir durch den Aufschlag eine Beule zugezogen hatte. In Gedanken ging ich ins Haus, um mich auszuruhen. Der Kopf dröhnte immer noch von dem Aufprall. Zusammenfassend stellte ich fest, dass ich jetzt zur Ruhe kommen musste. Ich beschloss also, mich etwas abzulenken und ins Krankenhaus zu fahren, um nachzusehen, was mit dem Professor geschehen war, und danach ein bis zwei Tage einfach nichts im Zusammenhang mit meinen Recherchen zu unternehmen und einfach zu relaxen und unter Leute zu gehen.

Im Krankenhaus angekommen, wurde mir von den Ärzten gesagt, dass sich der Professor mit den Tabletten und dem Inhalt der Spritze umbringen wollte. Mir wurde nahegelegt, wieder nach Hause zu fahren, da der Professor zwar glücklicherweise über dem Berg war und wieder gesund werden würde, sich jedoch in einem nicht ansprechbaren Zustand befand. Ich folgte der Anweisung des Arztes und fuhr also wieder dorthin, wo ich herkam. Im Zusammenhang mit der Geisterhöhle und den Geschehnissen, die mir widerfahren waren, hatte ich ständig das Gefühl, dass ich beobachtet würde. Bei jedem Gedanken an die Dokumentation und Herrn Spatz spannte sich mein Brustkorb an und ich fühlte und sah Dinge, die nicht real waren. Ich sah Leute, deren Augen sich schwarz färbten, ganz so, als wären sie irgendwelche Dämonen, die mich beobachteten.

Ja, bei jedem Gedanken an die Veröffentlichung der Dokumentation überkam mich dieses Gefühl der Angst, Paranoia und der Panik. Ich hatte das Gefühl, den Verstand zu verlieren. Je mehr ich mich meiner damaligen Idee hingab, Herrn Spatz zu beruhigen, umso intensiver wurden die Eindrücke der Erfahrung, die ich im Zusammenhang mit der Geisterhöhle gemacht hatte. Der Professor war, wie ich gesehen hatte, seit diesem Tag ja sowieso nicht mehr ansprechbar und hatte den Verstand verloren, als er sich selbst umbringen wollte. Er erzählte mir nur kurz über den Zusammenhang mit Mexico und dem geheimnissenvollen Stein und war danach wie ausgewechselt.

„Hatte der Professor ein so ein starkes Gefühl erlebt, wie ich es ja auch hatte?“ fragte ich mich. Er hatte mir eben von Agartha berichtet, und dass dies der Zugang gewesen wäre in jenen Teil der mystischen Welt, Agartha eben. Ich verstand jedoch die Zusammenhänge nicht. Wenn dies doch so eine schöne Welt wäre wie es alle immer berichteten oder eher spekulierten, warum war dies dann mit dermaßen überwältigender Angst und dämonischen Anhaftungen verstrickt, die in dieser Höhle vorherrschten?

Als ich damals Recherchen rund um die Höhle anstellte, wurde ja auch berichtet, dass diese eher böse war und nicht ohne Grund den Namen Geisterhöhle oder Froasenhöhle trug. Es gingen auch unzählige Warnungen umher um diese Höhle. Nun, ausgesucht hatten wir es uns ja nicht. Wir waren per Zufall an diese Höhle geraten. Trotz allem blieb mir im Großen und Ganzen noch verschlossen, warum genau an dieser Stelle der Zugang zu Agartha sein sollte.

Aus den Erlebnissen und den Warnungen sowie der Angst davor, in diesem Zusammenhang weitere Recherchen anzustellen, fasste ich nochmals meine Ergebnisse zusammen, die ich am Untersberg machen durfte – vor allem das Erlebnis im Traum mit dem Planeten Pluto, das mich zu diesem Zeitpunkt noch nicht losgelassen hatte. Ich fing also an, Bücher zu diesem Thema zu suchen und mich einzulesen. Nach zwei Tagen Recherchen hatte ich nun endlich etwas gefunden, das für mich die Daseinsberechtigung der Pluto-Theorien bewies. Vor allem im Zusammenhang mit dem Traum, den ich am Tag vor dem Termin bei Dr. Weger gehabt hatte. Ich sah nun dieses Buch und begann zu lesen ...

Der Pluto steht für das (kollektive) Unbewusste und sein Streben zielt auf Ganzheit. Überall dort, wo die Menschen Teile Ihrer Persönlichkeit nicht leben, will Pluto Wandlung herbeiführen, um Sie vollständiger, ganzer werden zu lassen. Derartige Wandlungsprozesse fühlen sich teilweise extrem unangenehm an, weil die Menschen durch diesen Prozess mit Ihren Schatten konfrontiert werden. Daher der Name Hades. Der Name des Bösen und des Dunklen. Die Geburt des Bösen liegt immer wieder von neuem in der Kindheit. Sie entstammt den Angstprojektionen der Eltern, die dem Kind Böses unterstellen, wenn sie mit der biologischen Überlebenskraft des Säuglings konfrontiert werden, mit dem nötigen und natürlichen Eigenwillen des kindlichen Organismus, der sehr mächtig ist. Ein Kind schreit solange, bis es bekommt, was es braucht. Das Böse entstammt der Machtlosigkeit und dem Unverständnis der kindlichen Eigenart und seiner Bedürfnisse. Das Böse entstammt also in Wahrheit der Angst vor dem Einsatz der vollen Lebenskräfte. In vergangenen Jahrhunderten wurden die gesamten Ängste in das Kind projiziert und es wurde vielfach alles getan, um den Eigenwillen des Kindes zu brechen. Auch heute geschieht derlei noch vielfach. Hierbei geschehen die Machtübergriffe der Eltern und die fundamentalen Ohnmachtserfahrungen der Kinder, die sich mit den Aggressionen der Eltern identifizieren, diese als die eigenen übernehmen und später gegen andere ausagieren, automatisch unbewusst, wenn früh erlitten und bewusst, wenn später erlitten. Ein weiterer wichtiger Punkt ist, dass wenn Kinder genau das tun, was Eltern an ihre schlimmsten eigenen Lebenserfahrungen erinnert, sie dann von den Eltern als böse eingestuft werden. Denn so glauben sie, nur ein böses Kind stochert in den tiefsten Wunden der Eltern herum. Dieser natürliche Heilmechanismus durch Erinnerung wird in der Regel missverstanden. Dann gibt es noch eine Ebene, die sich für einige sehr spekulativ anhören mag, aber ich denke, dass viele Eltern ihre Kinder sehr genau beobachten und merken, wo das Kind schwierige Charaktereigenschaften mitgebracht hat und sie sehr radikal verhindern wollen, dass es mit diesen noch einmal ohne Änderung ein Leben durchkommt. Dies ist ein seelischer Tiefenblick der weisen Tiefenschichten der Eltern auf die Seele des Kindes, trotz der unangenehmen Konsequenzen und Prägungen, die das für das Kind in diesem Leben bedeutet. Der Sinn dieser Kraft wurde mir offenbart als nur einer einzige Bestimmung zu folgen: Die Angst vor dem Kontrollverlust, dem Schmerz und die Angst vor dem Tod des Körperlichen und vor der damit verbundenen Ohnmacht kann so stark sein, dass es den Plutonier geradewegs in den Tod zieht, vor dem er doch solche Angst hat. Warum ist dies der Fall? Weil man bei einem selbstangesteuerten Tod immerhin die Macht, sogar über den Tod hinaus in seiner Hand glaubt und nicht an Gott und das Schicksal abgeben muss. Warum setzt uns Gott in eine solche Zwangslage? Oder machen wir das nur selbst? Es gibt diese Gestirnskonstellationen, die solche Konflikte in sich tragen auch ohne Unser Dazutun, also gibt es auch einen göttlichen Sinn darin. Ich glaube daher, dass dieser spezielle Druck von stark plutonisch/skorpionischen Leben besonders dafür eingerichtet ist, dem Menschen ein echtes verdichtetes inneres Machtzentrum zu verleihen, wo vorher keines bewusst da war. Gleichzeitig wird er aber mit der Begrenzung seiner Macht und der Unmöglichkeit des alleinigen Erfolgs konfrontiert. Er erlebt die Notwendigkeit, sich trotz der Verdichtung der Energie der anderen und des Kollektivs in sich, sich immer wieder der Welt zu öffnen und auch wieder loszulassen. Der erste und entscheidende Schritt ist dabei das erstmalige Finden eines gesunden Ventils und des Erlebens, dass einen das Loslassen nicht umbringt, sondern entlastet, regeneriert und stärkt. Bevor diese Phase erstmals durchlaufen wurde, befindet sich der Plutonier in großer Gefahr, in einer Überreaktion im größten Staungsdruck irreversible Katastrophen auszulösen.[3)]

Nach diesen Zeilen der mir liebsten Plutobeschreibung konnte ich auch diese Vision mit den anderen Erlebnissen am Untersberg in Zusammenhang bringen. Vor allem, weil ich in Resonanz mit dem Geschriebenen ging. Ich hatte, während ich diese Zeilen las, zeitweise Gänsehaut bei den Erinnerungen an meine Untersbergerfahrungen. Nach dem Lesen dieser Texte, im Zusammenhang mit den Wandlungsprozessen der eigenen Schatten, die allem Anschein nach aus der Kindheit rührten und in Symbiose mit Macht und dem eigenen Tun standen, musste ich zunächst tief durchatmen, um meiner Seele Balsam in die Wiege zu legen.

Als ich mich wieder etwas der Realität hingab, fiel mir Daniel ein, der bei dem Geologen sein sollte, um dort Recherchen bezüglich der Dokumentation voranzutreiben. Ich nahm also mein Smartphone und rief Daniel an, um ihn zu fragen, wie weit er gekommen sei. Nach einem eher kurzen Telefonat hatten wir uns einen Treffpunkt am nächsten Morgen in Linz vereinbart, um alles zu besprechen. Am selben Tag noch wurde ich durch Zufall mehrmals an den Zweiten Weltkrieg erinnert, durch Dokumentationen im Fernsehen wie auch durch Zeitungsberichte, in denen alte Geschichten standen. Da ich solche Zeichen auch in der Vergangenheit deuten konnte und es für mich keine Zufälle gibt, sondern eher mehr „Zugefallene Dinge", beschloss ich, dem nachzugehen und auch hierbei Daniel um Rat zu fragen.

Am nächsten Tag traf ich mich also mit ihm, um ihm zu erzählen, was alles passiert war, und hoffte natürlich auch auf seine Berichte aus Deutschland. Wir hatten uns in Linz in einem wunderschönen Café abseits der Landstraße verabredet. Das Wetter war schön, und es wimmelte von Leuten, die im munteren Treiben des Stadtzentrums auf und ab liefen. Ich stand vor dem Café und wartete auf Daniel. Ungeduldig sah ich einstweilen immer wieder auf die Uhr. Vor allem, da ich echt neugierig war, welche Erkenntnisse er mir offenbaren würde. Nach 18 Minuten des Wartens sah ich ihn an der Straßenkreuzung um die Ecke auf mich zukommen.

„Hallo Jürgen, wie geht's? Ich habe einige hochinteressante Neuigkeiten für dich und unsere Dokumentation", begrüßte er mich voller Tatendrang.

„Ja super, gehen wir mal hinein und reden wird drinnen", erwiderte ich seine aktive Begrüßung.

Wir gingen also ins Café hinein und nahmen Platz. Der Kellner kam, und ich bestellte mir einen Cappuccino zu der Zigarette, die ich im Anschluss genüsslich rauchte.

„Jürgen, ich habe mich mit dem deutschen Geologen getroffen, der, anders als gedacht, mit Erdmagnetfeldern und Gravitationsveränderung arbeitet."

Ich sah ihn skeptisch an. *„Ok, aber wie verhält sich das mit den Pyramiden?"*

„Nun ja, er sagte mir, dass sie in den geologischen Umgebungen der Pyramiden mittels Sonargeräten aus der Militärtechnologie Anomalien feststellen konnten. Nach vier Jahren Forschung kam er darauf, dass bei

den Pyramiden im Zusammenhang mit der Umgebung wie aber auch an anderen Plätzen der Erde Gravitationsveränderungen und Erdmagnetaussetzungen festzustellen seien.“

„Wirklich ? Hast du eine Karte, wo das mit den Anomalien abgebildet ist?“

Daniel griff in seine Tasche und holte eine Mappe heraus.

„Ja, mein Freund, in dieser Mappe findest du Aufzeichnungen darüber, wo sich diese Anomalien befinden. Ein weiteres Muster ergibt sich noch aus den gesammelten Kartendiagrammen. Wenn du dir diese ansiehst, wirst du feststellen, dass sich die Linien der Anomalien, wenn du diese verlängerst, alle an einem Punkt treffen!“

„Und wo soll dieser Punkt sein?“

„Dieser Punkt zeichnet sich durch die Prophezeiungen von verschiedenen Gelehrten und Philosophen aus, dass genau dort der Polsprung bzw. die Umkehrung stattfinden sollte.“

Ich bewunderte ganz ungläubig diese Karten, die mir Daniel präsentierte, und erinnerte mich zurück an die Aussagen des Professors und die Zusammenhänge rund um Dr. Weger und die Illuminaten sowie die Ereignisse am Untersberg.

„Es fügt sich alles zusammen, Daniel.“

„Auch die Steinpyramide in der Nähe von Rosenau ist im Zusammenhang mit diesen Dingen ein sehr interessanter Anhaltspunkt! Diese Pyramide hatte er auch erwähnt. Der Geologe wird diese Pyramide noch erforschen, hat er mir gesagt.“

„Du meinst die Steinpyramide in der Nähe von Zwettl? Ja, die wollte ich mir eh ansehen bei Gelegenheit. Ich hörte von ihr! Ein befreundeter Geomant hat sie mir vorgeschlagen!“

Er überreichte mir noch einen Bericht, den er von dem Geologen in Deutschland erhalten hatte.

„Hier in diesem Bericht kannst du nachlesen, dass die USA in Rumänien bei den Bergen von Bucegi Dinge gefunden haben, die auf Agartha und geheime Technologien hinweisen.“

Ich sah ihn an und musste schmunzeln.

„Wieso Agartha?“

„Nun, so steht es in dem Bericht! Die Amerikaner haben einen Zugang gefunden, der ins Innere der Erde gehen soll. So steht es im Bericht.“

„Wie gesagt, es fügt sich alles zusammen, Daniel, aber wieso hatte der Geologe den Bericht?“

Daniel sah mich verwundert an: *„Was meinst du? Ja, der Geologe hat längere Zeit auch in diesem Gebiet geforscht, da dort auch sehr mysteriöse Anomalien auftraten. Aber was anderes, was hast du dem Herrn Spatz gesagt?“*

Ich überlegte kurz und musste ihm nach reiflicher Überlegung vorsichtig sagen, dass er zugestimmt hatte und ich gerade dabei war, die rechtlichen Dinge zu prüfen, sodass wir mit der Dokumentation in Produktion gehen konnten. Was natürlich gelogen war. Aber nach den Zwischenfällen aus den letzten Tagen und meiner noch präsenten Angst ging ich lieber auf Nummer Sicher und erzählte ihm nicht alles! Ich las einstweilen noch den Bericht, den er mir in die Hand gab, während Daniel eben seine bestellte Pizza gegessen hatte …

„Also Daniel, das hört sich etwas nach Science Fiction an, oder?“ grübelte ich nach diesen Zeilen.

„Ja, das stimmt, jedoch habe ich vor zwei Jahren von einem amerikanischen Forscher gehört, dass sich ein Bilderbergmitglied für die Rumänien-Experimente interessiert. Steht auch im Bericht! Und das sind doch keine Zufälle, oder?“

Ich nickte und las weiter in dem Bericht …

Mithilfe moderner Spionage-Satelliten, mit denen die unter der Erdoberfläche liegenden Schichten abgescannt werden können, entdeckten die Amerikaner im Jahr 2002 in den Bucegi-Bergen in Rumänien ungewöhnliche Hohlräume. Detailabklärungen ergaben, dass sich an der betreffenden Stelle eine riesige, künstlich erstellte, annähernd halbkugelförmige Halle mit etwa 100 Metern Durchmesser und 30 m Höhe befindet, wobei es einen Zugangs-Tunnel zu dieser Halle gibt, der etwa 60 m von der Erdoberfläche entfernt im Inneren des Bergs beginnt und durch einen künstlichen Energiewall versiegelt ist. Von der Halle führen drei unterirdische, sehr lange Tunnels weg. Nicht nur der Tunnelgang, der in einer unerklärlichen Zickzacklinie zur Halle führt, sondern auch die Halle selbst sind mit hochwirksamen, physischen und energetischen Schutzvorrichtungen versehen. Selbst mit hochentwickelten, geheimen Tunnelbohr-Technologien der Amerikaner gelang es nicht, den Schutzmantel und die Energiebarriere zu durchdringen, und bei den Bemühungen starben sogar mehrere Soldaten auf unerklärliche Weise. Nur mit nichtphysischen Mitteln gelang es, Zugang zum Tunnelgang und zur Halle zu erwirken. In der Halle selbst fanden die Forscher weit fortgeschrittene, technisch/wissenschaftliche Vorrichtungen, deren Fähigkeiten weit über unsere gegenwärtigen Möglichkeiten hinaus gehen. Unter anderem konnten die Besucher holographische (dreidimensionale), lebendige Filme zu verschiedenen wissenschaftlichen Themen bestaunen, die unser einschlägiges Wissen um enorme Dimensionen erweitern können. Mit einem der holographischen Projektionsprogramme konnte die (geheime) Geschichte der Menschheit abgerufen werden. Dabei zeigte es sich, dass unsere in den Geschichtsbüchern dargestellte Geschichte offensichtlich manipuliert und zu einem sehr großen Teil falsch ist.[4)]

Ende Mai 2003 erhielt Caesar Brad einen Anruf seines Chefs, General Obadea, mit der Mitteilung, dass sich eine hochrangige, ausländische Persönlichkeit mit ihm treffen möchte. Caesar war sehr erstaunt, wie jemand von ihm wissen konnte und Zugang zu ihm erhalten konnte, denn er war der technische Direktor des ‚Departamentul Zero' (DZ, Ab-

teilung Null), der geheimsten Abteilung innerhalb des rumänischen Geheimdienstes SRI, von der kaum eine Handvoll Leute überhaupt Kenntnis hatten. Das DZ wurde vom ehemaligen kommunistischen Diktator Ceausescu ins Leben gerufen und mit viel Ressourcen aus verborgenen Kanälen ausgestattet. Es war eine kleine Gruppe, deren Hauptaufgabe es war, alle seltsamen, nicht erklärbaren Ereignisse, von denen offizielle und inoffizielle Stellen des Landes erfuhren zu untersuchen. Daneben befasste sich die Abteilung auch mit parapsychologischen Themen und den sich daraus ergebenden Möglichkeiten der Informationsbeschaffung und -Verarbeitung. Dazu wurden auch spezifische Rekrutierungs- und Ausbildungsprogramme ins Leben gerufen.[4)]

Ich schlug die Mappe zu, die ich eben gelesen hatte, und sah Daniel ganz erstaunt an. Als dieser mit seiner Pizza fertig war, sah er auf die Uhr und sagte etwas zögernd: *„Ok, ich fahre wieder nach Graz! Habe die Zeit übersehen. Ich würde dich bitten, dass du dich meldest, wenn es weiter geht mit der Dokumentation!“*

„Eine letzte Frage, Daniel.“

„Bitteschön!“

„Was weißt du über den Zweiten Weltkrieg und in den Untersberg involvierte Generäle?“

Er antwortete mir hastig *„Dr. Ing. General der Waffen-SS Hans Kammler. Der ist ein riesen Mythos um den Berg.“*

„Wie meinst du das, mein Freund?“

Dann fing Daniel noch kurz an zu erzählen: *„Hans Kammler hatte die Befehlsgewalt über 175.000 KZ-Häftlinge für Arbeitseinsätze, war Oberbefehlshaber über die Raketenwaffe (das Nonplusultra an Hochtechnologie im Zweiten Weltkrieg), Leiter der Raketen- und Düsenjägerproduktion, Bauleiter der geheimsten und wichtigsten Bunkeranlagen des Dritten Reiches (fast alle oben genannten Anlagen liefen im „Mindestbauprogramm des Führers“) und weder der Rüstungsminister Albert Speer, noch der Reichsluftfahrtsminister Hermann Göring waren ihm gegenüber weisungsberechtigt. Nur Hitler stand noch über ihm. All* *diese Punkte machen diesen SS-General zu einer der grausamsten Gestalten der gesamten Menschheitsgeschichte, der ohne Rücksicht auf Menschenleben alles daran setzte, die ihm übertragenen Aufgaben zu erfüllen und so seine Karriere weiter zu fördern. Es ist bis heute ungeklärt, wo sich Kammler nach April 1945 aufhielt. Zu dieser Zeit verschwand er spurlos, wahrscheinlich in Österreich, wo zum letzten Mal von ihm gehört wurde. Alles was Kammler hinterließ, waren vier verschiedene Todesorte und Todesnachrichten, von denen aber wahrscheinlich keine einzige stimmte.*"[4a)]

„*Und der Berg?*", musste ich Daniel nach dieser ausführlichen Beschreibung fragen.

„*Nun ja, Jürgen. Es wird vermutet, dass der General mit seinen Gefolgsleuten im Untersberg noch immer Werke des Bösen wie Waffentechnologien entwickelt.*"

Ich nickte, tat die gesamte Dokumentation in Papierform in *meine* Tasche, und wir verließen nach dieser kurzen, jedoch interessanten Unterredung und ein paar Cafés das gemütliche Lokal. Wir verabschiedeten uns Hände schüttelnd an der Kreuzung zur Landstraße nach Linz.

Als ich aufgrund der Berichte von Daniel mit einigen neuen, zusätzlichen Fragezeichen im Kopf zum Auto ging, sah ich um die Ecke ein Blumengeschäft mit einladender Werbung am Haustürschild. Ich fasste den Gedanken, auf dem Heimweg beim Krankenhaus vorbeizufahren, um den Professor zu besuchen. Ich überquerte die Straße und trat in das Blumengeschäft ein. Zögernd betrachtete ich die Blumen und die Töpfe, die überall in diesem grünen Ambiente herumstanden. Als die Kassiererin zu mir trat, um mich zu fragen, ob sie mir behilflich sein könnte, fiel mir ein gelber Nelkenstrauß ins Auge. Ich bat die Dame, mir diesen einzupacken, damit ich ihn mitnehmen konnte. Mit den Blumen bewegte ich mich anschließend in Richtung Auto und fuhr geradewegs ins Krankenhaus. Ich fragte mich während der Autofahrt, was diese Berge in Rumänien und der Untersberg gemeinsam hätten, und ob diese Generalfigur aus dem Zweiten Weltkrieg wirklich nur Mythos war.

Am Krankenhaus angekommen, ging ich zuerst zum Arztzimmer, um nachzufragen, ob Professor Claras besucht werden konnte. Der Arzt sah mich zögernd an, bejahte jedoch anschließend meine Frage. Er zeigte mir das Zimmer, wo der Professor lag, betonte allerdings, dass ich nicht zu lange bleiben sollte, weil der Professor noch Ruhe benötigte. Als ich ins Zimmer eintrat, sah ich den Professor auf dem Bett liegen. Ich war froh darüber, seine offene Augen zu sehen und dass er allem Anschein nach auch wieder bei Verstand war.

„Hallo, alter Freund, wie geht es dir?“, begrüßte er mich freudig.

„Hmm ja, Professor, ich habe dir Blumen mitgebracht. Die haben mir so gefallen, ich konnte nicht anders.“

Er fing kurz an zu lachen und bedankte sich für das Geschenk. Ich nahm den Stuhl, der neben seinem Bett stand, und setzte mich. Ich sah ihn an und musste feststellen, dass er noch etwas mitgenommen von Medikamenten und Behandlungen war. In der Tat kein Wunder, wenn man bedenkt, was er durchgemacht hatte. Einen kurzen Gedanken an die Frage nach dem Selbstmordversuch, die ich ihm stellen wollte, wurde wieder verworfen, vor allem, weil ich Angst um seine Genesung hatte. Nachdem wir kurz schweigend zusammengesessen hatten, erhob sich der Professor, um sich im Bett aufzusetzen.

„Jürgen, versprich mir, dass du von sämtlichen Untersuchungen beim Untersberg Abstand nimmst!“

Ich sah ihn erstaunt an, da ich nicht wusste, wo der Professor diesen Gedanken hergeholt hatte, und in welchem Zusammenhang dieser stehen könnte.

„Wie meinst du das, Professor?“

„Weißt du, ich habe dir doch erzählt von dem Stein, den ich damals von diesem Wesen erhalten hatte. Nun, ich gab diesen Stein niemals

wieder zurück an den Wächter oder das Wesen, das ich als etwas Finsteres bezeichnen muss.“

Ich war verblüfft und zugleich gespannt auf das, was er mir erzählte. Vor allem, weil ich nicht verstehen konnte, was ihn dazu bewegt hatte, den Selbstmordversuch zu unternehmen.

„Jürgen, ich war damals eben noch etwas jünger. Mein Forschungsdrang war mir über den Kopf gewachsen.“

Auf meine Frage, was er damit meinte, erzählte er mir von seinem Erlebnis. Der Professor hatte einen Stein erhalten als Sinnbild für den Eintritt nach *Agartha*. Es war ein schwarz-violetter Stein, den er von einem Wesen bekommen hatte, das allem Anschein nach nicht von dieser Erde war, nicht so, wie wir es kennen. Das Wesen vermag ich nicht zu beschreiben. Der Professor erwähnte nur, dass es eine Gestalt war, die einem Engel gleichkam. Er erhielt den Stein als Gabe und als Fluch zugleich. Seit dem Tag seiner Reise ins Innere der Erde mit dem Ziel, die Geheimnisse zu erforschen, die es im Zusammenhang mit den Geschichten von Jules Verne und anderen Erzählungen gab, widmete er sich nun seiner Aufgabe, die ihm mit diesem Erlebnis auferlegt worden war.

Er erzählte mir auch, dass ihm eine Botschaft übermittelt worden war mit dem Inhalt, dass sämtliche Informationen und Besichtigungen wie Forschungen, die er unternahm oder unternehmen wollte, nur für Gutes und Wahrhaftiges eingesetzt werden durften. Mit dem Zutritt durch das Tor des Wächters, als der dieses Wesen beschrieben wurde, wurden auch sein Verstand und seine Ideologie im Zusammenhang mit der Energie der inneren Erde – *Agartha* – getestet. Seinem Eindruck nach und jetzt rückblickend betrachtet, war es so, dass ihm sein Motiv der Forschung, die Welt von *Agartha,* nur die dunkle Seite zeigte und sich auch dahingehend offenbarte.

Da er ja getrieben war vom Streben nach Reichtum und Anerkennung von außen, also von seinen Kollegen und der Welt, sind seine Forschungen auch nur in diese Richtung gegangen. Der Professor sagte mir, dass er dieses Gefühl schon vor dem Eintritt nach *Agartha* gehabt hatte. Er sagte mir, dass sein Energiefeld, die Aura, mit *Agartha* verschmolz und er genau die Spiegelung sehen durfte, die er damals versucht hatte zu ergründen und zu erforschen – Geheimnisse, Mythen und Offenbarungen für seine Arbeit als leitenden Physiker und Forscher für eine Sache, die er mit gewissen Institutionen nutzen wollte, um daraus Profit schlagen zu können. Getrieben von Gier und Machthunger sowie von Wissensdurst für den Verstand. Genau diese Dinge wurden ihm offenbart, als er in *Agartha* war.

Er erzählte mir von Dunkelheit und einem schwarzen Nichts, das er erblickte. Auch von Technologien, die bestimmt waren, mehr zu schaden als Gutes anzurichten. Von Waffensystemen und Energiesystemen war die Rede. All diese Dinge waren Bestandteil seiner Wahrnehmung im Inneren der Erde. Auf meine Frage, welche Energien und Waffensysteme er denn gesehen hätte, bemerkte ich, dass sich der Professor etwas verschloss.

Er fuhr fort in seiner Beschreibung *Agarthas*. Nach dieser Reise nach *Agartha* hatte er mit Instituten zusammengearbeitet, um diverse Forschungsergebnisse wie Quanten- und Zeitverschiebungen und andere Phänomene wie Sichtungen wirtschaftlich umzusetzen, und zwar in Projekten, die auch vom Militär und der Wirtschaft genutzt werden konnten und auch heute noch benutzt werden. Vor allem erwähnte er in diesem Zusammenhang immer wieder die amerikanische Regierung. Als ich ihn fragte, wie dies nun mit dem Stein, den er erhalten hatte, zusammenhing, antwortete er nur sehr zögerlich. Der Professor teilte mir mit, dass der Stein, den er bekommen hatte, die Kraft besaß, ihm zu helfen, seiner Arbeit nachzugehen. Der Stein trug das Potential des Geheimnisses in sich.

In dieser Zeit, während er an diesen Dingen arbeitete, wurden gerade Berichte veröffentlicht, denen zufolge Geräte und Hilfsmittel zur Erzeugung von Chemtrails entwickelt wurden und man an deren Zusammensetzung arbeitete. Infolge dessen beschloss der Professor, den Stein zu nutzen, um weitere Forschungen zu betreiben. Nach einem Jahr des Höhenfluges und der Macht, die von diesem Stein ausging, erzählte er mir, dass auch sein Ansehen immer größer wurde, sein Vermögen sich verdoppelte und das Leben einen Lauf genommen hatte, wie es sich nur jeder Mensch auf dieser Erde wünschen würde. Er erzählte mir aber auch, dass ihn genau nach einem Jahr seine Familie verließ. Sein Sohn starb bei einem tragischen Unfall, und seine beiden Töchter ertranken im Roten Meer in Ägypten, wo sie leidenschaftlich gerne tauchten. Der offizielle Unfallbericht war so verfasst, dass die beiden beim Tauchgang von einer Strömung abgetrieben worden waren und aus diesem Grund aufgrund der Sauerstoffknappheit nach einem grauenhaften Überlebenskampf ertranken.

Der Professor tat diese Zusammenhänge nicht als Zufälle ab. Vor allem, da dies alles genau nach einem Jahr innerhalb eines Zeitraumes von vier Wochen passierte. Als ich ihn nach seinen Berichten anschaute, sah ich in seinen Augen Tränen und Anzeichen dafür, dass er mit dem Leben abgeschlossen hatte. Ich wollte ihm in diesem Moment irgendwie Mut und Hoffnung zusprechen. Das war mir jedoch nicht möglich, da er schneller reagierte als ich. Er hatte bemerkt, dass ich ihn trösten wollte, was er aber offensichtlich ablehnte.

„Jürgen, meine letzten Jahre verbrachte ich in Trauer und in Hass mir selbst gegenüber. Ich habe den Stein niemals zurückgebracht, und das war nun mein Schicksal."

Er sah in die kühl ausgemalte, weiße Ecke des Krankenhauszimmers und schluchzte kurz auf.

„Ich wurde vor dem Eingang nach Agartha gewarnt und hatte es nicht verstanden. Ich trage den Stein immer noch bei mir. Jedoch schenkt mir dieser keine Kraft des Reichtums und der Macht mehr! Nein, er schenkt mir seit dieser Tragödie nur mehr genau das Gegenteil. Wut, Depression, Angst, Trauer und Hass."

Ich sah den Professor erstaunt an und musste erwidern: *„Dann nimm den Stein, Professor, und bring ihn zurück an den Ort, an dem du ihn erhalten hast."*

Er lächelte kurz. *„Jürgen, das ist nicht so leicht."*

„Wo ist der Stein, Professor? Zeig ihn mir!"

„Markus, der Stein ist ein Sinnbild, das ich bekommen hatte, um den Eintritt nach Agartha zu erhalten. Der Stein, der schwarz und violett gefärbt ist, ist kein Stein, wie du ihn so einfach halten kannst. Er ist ein Bild, das du erhältst – unabdingbar mit der Auflage verknüpft, ihn zurückzubringen, wenn du den richtigen Weg gefunden hast."

Ich sah ihn ganz verwundert an und musste nochmals nachhaken: *„Ein spirituelles Geschenk?"*

„So ähnlich, mein Freund. Ich hatte in den letzten Jahren einige Termine bei Schamanen und anderen Leuten, die sich mit solchen Sachen auseinandersetzen. Sie sagten mir allesamt, dass der Stein mit seinen Farben für folgendes steht: Schwarz für die dunkle Seite an dir selbst und allem, mit dem du in Resonanz gehen würdest. Und violett für das Spirituelle und Zentrierte. Den Farben des Steins sind auch dieselben Wirkungen wie in der psychologischen Farbenlehre zuzuordnen. Nur sind diese Steine, die an die Menschen verteilt werden, von einem Ursprung, der anscheinend nicht auf dieser Erde ist. Er hat eben zwei Seiten. Deshalb gebe ich dir den Rat, dass du das Geheimnis und die Erfahrungen, die wir am Untersberg gemacht haben, ruhen lässt!"

„Professor, aber warum Selbstmord?"

„Weißt du, Jürgen, wenn deine Familie stirbt, deine eigenen Kinder von dir gehen wegen deiner eigenen jugendlichen Dummheit und Unwissenheit, wie ich das heute nenne, und es keinen Weg gibt, dies rückgängig zu machen – dann ist das Leben nichts mehr wert."

Nach diesen Worten war mir klar, dass der Professor an den Erlebnissen am Untersberg zerbrechen würde.

Als er mit seinen Worten zu Ende war, kam der Arzt zur Visite in das Zimmer, und ich musste mich von meinem alten Freund verabschieden. Ich schüttelte ihm in Demut die Hand und ging aus dem Zimmer Richtung Auto. Während ich ging, spürte ich in meinem Inneren eine große Verwirrung, und ich musste immerzu an die Warnungen des Professors denken. Vor allem betete ich zum Himmel, dass seine Seele in dieser Geschichte Frieden finden möge.

Zu Hause angekommen, ging ich als erstes in die Küche, um mir einen Café zu machen. Meine Gedanken kreisten immer noch um den Professor und die Erlebnisse, von denen er mir erzählt hatte. Ich hoffte immer wieder, dass er wieder zu irgendeiner Normalität zurückfinden würde. Er tat mir auch sehr leid mit seiner Geschichte und diesem Schicksal, das er zu tragen hatte. Nach einem Schluck Kaffee beschloss ich, mich ins Arbeitszimmer zu verziehen, um dort meine Gedanken zu sortieren und um alles zusammenfassend in meinem Kopf abzuspeichern. Ich ging daher die Treppen hinunter in den Keller und öffnete die Tür zu meinem Büro. Ich sah, dass alles noch genauso herumlag wie vor zwei Tagen, als irgendwer bei mir eingebrochen war, um irgendwas zu finden. Was genau, wusste ich ja immer noch nicht. Ich bückte mich also und fing zunächst damit an, alles, was da auf dem Fliesenboden umherlag, aufzuräumen und zu sortieren.

Als ich mich gerade in die Ecke bückte, um mein altes Fotoalbum aufzuheben, bemerkte ich, dass eines der Fotos herausgerissen war und neben dem Album am Granitboden lag. Ich nahm das Foto in die Hand und erinnerte mich an einen alten Freund, den ich nach meiner Griechenlandreise aufgesucht hatte und mit dem ich einige geomantische Forschungen in Tirol unternommen hatte. Ein Schamane und Techniker sowie Geomant. Sein Name war Alexander. Ich nahm das Foto und steckte es in die Hosentasche. Nach etwa einer Stunde hatte ich das Chaos wieder halbwegs beseitigt.

Ich überlegte immer noch, ob ich die Polizei verständigen sollte, dachte mir aber im selben Atemzug, dass dies taktisch eher nicht von Vorteil wäre, vor allem im Hinblick auf meine Recherchen und Unterredungen zu den Illuminaten, zu Agartha, zu den Forschungsberichten von Daniel, zu Rumänien und den Notizen von Herrn Dr. Weger. Nach der Säuberungsaktion setzte ich mich auf meinen Bürosessel und nahm mein Notizbuch zur Hand. Ich fasste nun alle meine Erlebnisse nochmals zusammen, um den Überblick nicht zu verlieren.

Abb. 4: Die Steinpyramide in Rosenau.

Eine klare Erkenntnis

Zuerst war da der Traum vom Universum und von Pluto sowie vom Untersberg. Danach kamen die Ereignisse, die in Dr. Wegers Notizen zu den Pyramiden zusammenfassend die Existenz allen Seins beschrieben. Schließlich begannen die Recherchen zum Untersberg sowie zu Grödig und zum Friedhof und der Hochzeitsgesellschaft. Nach diesen Recherchen folgte meine erste Untersbergsreise, auf der ich die Ukraine im Krieg sah und die Goldene Stadt erblicken konnte. Dann folgte das Hinzuziehen des Professors, der mit Agartha zu tun hatte, dessen Zugang wir in der Geisterhöhle vermuteten und die Berichte von Daniel über Rumänien und die Zusammenhänge mit *Agartha* sowie Technologien, die definitiv nicht von dieser Erde stammten, wie auch die Geschichten über den General, der sich im Berg befinden soll.

Als ich das alles niederschrieb, wurde mir eines ganz stark bewusst. Meine Augen fingen an, feucht zu werden. Ich legte den Stift beiseite und setzte mich instinktiv auf den Boden in die Ecke. Ich fing an zu weinen, so wie seit Jahren nicht mehr. Mein Herz schmerzte von der Kraftanstrengung, die ich aufbringen musste, um meine Tränen zu stoppen. Ich schluchzte und schluchzte. Meine Hände zitterten, und ich bekam kaum Luft in dieser Paranoia des Weinens und der Wut wie der Trauer, die mich in diesem Augenblick umschloss.

Als ich nach einigen Minuten etwas aufatmen konnte, begab ich mich wieder zu meinem Schreibtisch. Ich sah die Zusammenhänge, die mir der Berg vorgespiegelt hatte. Ich durchlebte die Schattenseiten meines Seins wie auch Teile meiner Vergangenheit. Ich wurde immer wieder dazu aufgerufen, dies zu transformieren und loszulassen. Alles hatte plötzlich einen Sinn und hing miteinander zusammen. Die Träume, die Visionen und die Erlebnisse am Berg wie auch die mit Professor Claras. Ja, nach weiterer Überlegung begriff ich auch, dass dem Professor diese Themen gespiegelt worden waren. Diese und noch andere, die ich nicht zu beschreiben vermag. Auch ihm wurden diese Dinge gezeigt, so dass er den Verstand verloren hatte.

Zugegebenermaßen und rückblickend betrachtet, fiel es auch mir sehr schwer, den Verstand nach diesen Ereignissen mit dem Professor nicht zu verlieren. Ich bemerkte auch Zusammenhänge, die nicht direkt mit dem Professor und mit mir zu tun hatten. Ich merkte jetzt auch, dass der Berg ein Zentrum darstellte. Er stand als Zentrum für all die politischen Ereignisse, die sich gerade abspielten – einschließlich all den Wirtschaftskrisen und dem aktuellen Flüchtlingsproblem, mit dem Österreich und Deutschland gerade zu kämpfen hatten und haben. Als Herzstück von Europa. Als Zentrum der Kraft der Europäischen Union? Auch hier wurden mir die Zusammenhänge klarer und deutlicher, insbesondere in Verbindung mit den Pyramiden und den Erdglobuspunkten, an denen sich Energie manifestiert und entlädt.

Ich fragte mich einstweilen immer wieder, ob dies wirklich so sein konnte. Dann kam ich zu dem Schluss, dass der Berg und das Zentrum des Berges wirklich den Zugang zu *Agartha* beherbergen. Ja, aber der Berg beinhaltet noch eine andere mystische Kraft. Er spiegelt. Jeden einzelnen Menschen, die Welt und Europa. Ich konnte nach diesen Erfahrungen auch erkennen, dass die Goldenen Stadt und Agartha sich genauso offenbaren wie man eben schwingt und existiert. Genauso, wie der Professor es erklärt hatte, als er in Mexico war. Er sah die dunkle Seite von Agartha und das, weil er nicht seinem Herz folgte, sondern dem Streben nach Macht und Anerkennung. Nach meinen Recherchen und all meinen Erlebnissen glaubte ich nun auch an die dunkle wie aber auch an die schöne Seite des Untersbergs. Diese dunkle wäre eben meiner Erfahrung nach der Zweite Weltkrieg, die Illuminaten und sonstige Dinge, die mit dem Berg in Verbindung stehen.

Ich erkannte für mich, dass sich die dunkle Seite eben genau so offenbart! Mit Armeen, die noch im Berg wohnen, mit Technologien, die die Nazis immer noch besitzen und die in diesem Berg ihr Dasein der Dualität führen. Genau diese Dinge wie auch diese Zusammenfassungen ließen mich in Tränen ausbrechen. In erster Linie war es die Tatsache, dass die Kraft des Berges wirklich in diesem Moment zu spüren war. Dass er mir meine dunklen Seiten gezeigt und für Transformation gesorgt hatte. Es waren meine Wurzeln im Zusammenhang mit Grödig, meine alte Dualseele in Verbindung mit der Hochzeitsgesellschaft. Mein Recherchedrang im Zusammenhang mit dem Jeep und den Soldaten aus dem Zweiten Weltkrieg, die ich gesehen hatte, und mit den Botschaften der Eule und den sechs Hürden, die ich zu Beginn gesehen hatte.

Ich erkannte jetzt, dass diese sechs Hürden die ganze Zeit anwesend waren in der Geschichte, und dass ich diesen auch jederzeit ausgesetzt war und immer noch bin – im persönlichen Kampf mit mir und meinen Lebensthemen, die mir der Berg spiegelte und offenbarte. Über diese zusammenfassenden Notizen und Gedanken vergaß ich immerhin, auch noch an meinen Unfall, den ich am Berg hatte, zu denken – als ich vor dem Baum am Veitlbruch hingefallen war. Ich dachte kurzzeitig an das Foto in meiner Hosentasche und wusste aus einem Gefühl heraus sofort, dass ich Alexander anrufen sollte. Ich ging nun also in Küche hinauf, wo ich meine Tasche abgelegt hatte und nahm mein Smartphone heraus. Nach kurzem Suchen im Telefonbuch hatte ich Alexander auch gleich gefunden. Zielgerichtet drückte ich auf die Taste ‚Wählen'.

„Hallo, hier Alexander S."

„Hallo Alexander, ich bin's Jürgen. Wie geht es dir?"

„Oh, hallo Jürgen, wir haben uns lange schon nicht mehr gehört. Wie geht es dir und was verschafft mir dir Ehre?"

„Weißt du, Alexander, ich bin im Moment in schräge Sachen rund um den Untersberg verstrickt. Es klingt vielleicht etwas komisch. Jedoch hatte ich das Gefühl, dich anrufen zu müssen, weil mir das alte Foto von uns beiden in die Hände gefallen ist."

Alexander musste kurz auflachen und erwiderte: *„Jürgen, du bist mir einer! Nun ja, wenn du ‚Untersberg' sagst, kann ich dich nur an einen Heimatforscher und Alpenschamanen an diesem Ort verweisen."*

„Ok, ja, das wäre ja auch nicht schlecht! Wen meinst du hierbei?"

„Einen Heimatforscher namens R. L."

„Danke, Alexander. Ich weiß zwar noch nicht, was er mir erzählen könnte, jedoch bin ich sehr gespannt. Was machst du sonst immer so?"

„Jürgen, ich bin im Moment in Urlaub auf Kreta."

„Lass es dir gut gehen. Wenn du nach Hause kommst, treffen wir uns!"

„Das würde mich freuen, melde dich so in zwei Wochen, ok?!"

„OK, dann bis bald!"

Danach legte ich auf und packte das Smartphone in meine Hosentasche. In Gedanken stand ich nun im Nebel. Vor allem mit der Frage, was ich diesen Herrn in Bezug auf meine Erfahrungen fragen sollte und wie er mir helfen konnte. *Socialmedia!* Ja, genau, das war meine Rettung. Mir fiel ein, dass es auf Facebook eine Interessengemeinschaft rund um den Untersberg gab. Ich nahm also mein Smartphone wieder aus der Tasche und loggte mich ein. Als ich angemeldet war, suchte ich vorab die Gruppen und den Namen des Heimatforschers. Als ich fündig geworden war, fiel mir ein, dass mich doch auch die Frage nach dem Unfall beim Veitlbruch interessierte, insbesondere im Zusammenhang mit dem Hochzeitslied, das ich im Angesicht jenes Baums gehört hatte. Also beschloss ich, dem Herrn über den Messenger eine Nachricht zu übermitteln.

„Sehr geehrter Herr R. L., ich beschäftige mich nun seit Längerem mit dem Untersberg. Ich hätte speziell eine Frage zur Gegebenheit am Veitlbruch, bei einem Baum, angesichts dessen ich die Musik einer Hochzeitsgesellschaft wahrgenommen habe. Vielleicht können Sie mir hierbei helfen!"

Zu meiner großen Erbauung antwortete Herr R. L. zügig auf meine Frage: *„Dieser Baum liegt auf der äußeren Kreislinie eines Schutzpentagramms, welches Salzburg und den Untersberg einschließt. Ich habe gerade das gesammelte Kartenwerk eines Geomanten vor mir. Das Schutzpentagramm ergibt sich aus all den geomantischen Einstrahlungen, Wasseradern, Verwerfungen usw. Da werden die Kraftorte, insbesondere die Ortsgeister und Herzpunkte, zueinander in geografische Beziehung gesetzt. Ein Pentagramm ist ein Schutzsymbol. Und wer eben innerhalb dieses Pentagramms lebt, erfährt besonderen Schutz."*

Genau das hatte er mir geschrieben. Ich bedankte mich für seine rasche Antwort und wusste nun auch um den Zusammenhang mit meinem Unfall, dem schrillen Ton, den ich gehört hatte, sowie dem Lied der Hochzeitsgesellschaft. Nun, da Herr R. L. das Schutzpentagramm erwähnt hatte, wusste ich auch, warum der Zugang beziehungsweise der Ort am Veitlbruch für mich so gefährlich waren. Mit meiner Abenteuerlust und den Gedanken an die Recherchen sowie mit den Hinweisen rund um den Berg und die Geschichten um *Agartha* hatte mich der Berg sozusagen niedergeschmettert und mir mit dem Sturz eine Warnung erteilt!

Auch die anderen Ereignisse und Zusammenhänge erschlossen sich mir in diesem Moment noch mehr! Ich erkannte die Kraft des Ortes, und die Geschichten vom Professor wurden mir mit dieser Information von Herrn R. L. bestätigt. Es gibt eben Dinge auf dieser Welt, die sollten nicht nur mit Technik, Papier und Verstand erklärt werden. Nein, es sollten eher die Dinge im Herzen sein, auf die wir acht zu geben haben. Wir sollen uns leiten lassen und treiben lassen. Ja, genau. Mit dem Herzen sehen und mit den Chakren spüren. Uns nicht in Abenteuerlust verlieren. Denn es liegt ein Schutzzentrum im Herzen von Europa. Genau diesen Schutz durfte ich während meiner Recherchen spüren und erfahren! Und dieser Schutz wurde mir durch Herrn R. L. bestätigt.

Abb. 5: Der Baum und das Hochzeitslied.

Die Entscheidung des Herzens

Endlich hat sich für mich alles zusammenfügt in dieser eher abstrakten Erfahrung, die ich über die letzten Wochen hinweg machen durfte. Von Geheimgesellschaften über Phänomene auf dem Berg, Entführungen und Pyramiden bis hin zum sagenhaften *Agartha*. Und es war auch der Schutzkreis als Schutz vor ungebetenen Gästen und die Spiegelung des Berges für jeden Einzelnen und auch für das Massenkollektiv im Umfeld wie auch in Europa. Diese Zusammenhänge und Erkenntnisse brachten mich nun auch zu dem Schluss, meine Dokumentation für Herrn Spatz abzusagen und meine Recherchen am Untersberg zu beenden. Vor allem deshalb, weil ich jetzt wusste, dass egal was ich finden würde, sei es noch so geheimnisvoll oder interessant, sich alles immer nur um dieses Eine dreht:

Wir sollen die eigenen Dämonen transformieren und uns wieder unserem Herzen öffnen.

Jedoch: Bei der Weggabelung zu den anderen Dingen am Berg sollten wir in das Herz hören und erkennen, dass es durch die Spiegelung des Berges und die Dualität, in der wir leben, immer zwei Seiten gibt. Die eine ist die des Herzens und der Liebe, und die andere ist diejenige der Dunkelheit und des Materialistischen. Da sind zum Beispiel die Sichtungen aus der Zeit des Zweiten Weltkrieges auf dem Berg – wie auch ich sie erlebt habe, die Anhänger der Illuminaten oder die Überlieferungen, die dich nur von einer Sage in die nächste bringen und sich dem Einzelnen zur Gänze niemals offenbaren werden, sondern nur dabei helfen sollen, ins Herz zu blicken, wenn man durch den Input, den man erhält, Gefahr läuft, den Verstand zu verlieren.

Vor allem in der Geschichte, die mir der Professor erzählt hatte, mit seinem Stein, den er in Mexico beim Eingang zu Agartha erhalten hatte, konnte ich diesen Zusammenhang nun bestens erkennen. Ich entschloss mich nach diesen Erkenntnissen also, Herrn Spatz zu benachrichtigen, um die Dokumentation abzusagen. Jedoch fiel mir keine Ausrede ein, und ich hatte bei diesem Gedanken immer noch Angst vor der Strafe, die mir blühen würde, insbesondere weil ich ihm auch etwas Geld schuldete. Ich wusste, wenn ich ihm direkt absagen würde, würde er dies so niemals so im Raum stehen lassen. Er würde alles Mögliche und Erdenkliche unternehmen, um seinen Schaden geltend zu machen. Und da ich ihn kannte, wusste ich, wie weit er gehen würde. Also beschloss ich, einen kleinen Umweg zu gehen und Daniel zu bitten, Herrn Spatz zu kontaktieren, sodass dieser sich mit den Illuminaten treffen sollte. Ich nahm also mein Smartphone und schrieb Daniel folgende SMS.

„Daniel, ich werde die Doku absagen! Bitte vertrau mir und richte Herrn Spatz aus, dass sich dieser nächste Woche am Samstag um 18:00 Uhr einen Termin mit einem hochrangigen Illuminatenanhänger die Pyramiden betreffend reserviert. Sag ihm, ich bin im Krankenhaus und kann leider nicht die nächsten drei Wochen ... Habe mir was getan ... erfinde was!! Ich werde das Treffen in einem Café in Salzburg Mitte organisieren! Sage ihm aber nicht, dass ich die Doku absage!"

Daniel schrieb mir binnen dreier Minuten folgendes zurück: *„Puh, ich hoffe, du weißt, was du da tust! Ich werde ihn morgen kontaktieren!"*

Ich packte mein Smartphone weg und suchte anschließend die Telefonnummer des Illuminaten, mit dem ich mich vor einiger Zeit getroffen hatte. Ich ging in meinen Keller, in den Arbeitsraum, und durchwühlte alte Unterlagen und Telefonnummern. Nach ungefähr 15 Minuten wurde ich fündig. Getrieben von Angst und voller Ungewissheit, wie die Sache ausgehen würde, waren dies die längsten 15 Minuten, die ich seit langem erlebt hatte. Als ich die Nummer hatte, ging ich vorerst wieder in die Küche, um mir eine Zigarette gegen den Stress einzuverleiben!

Danach griff ich zum Smartphone und wählte die Nummer, die auf einem Notizblock stand.

„Hallo, wer hier?"

Mit teils zittriger Stimme antwortete ich *„Hier ist Jürgen, wir hatten vor einigen Monaten Kontakt betreffend die freien Energien und so."*

Ich vernahm eine kalte Stimme, die es wohl ernst meinte: *„Ich habe Ihnen das letzte Mal schon nahegelegt, sich nicht weiter mit diesen Dingen zu beschäftigen und mich nicht mehr anzurufen! Ich glaube sogar, dass ich sehr deutlich in meiner Ansage war, als wir uns das letzte Mal gesehen haben!"*

Ich erinnerte mich an seine Drohung und seine Entschlossenheit in dieser Sache. *„Ja, ich weiß! Es ist auch ein Notfall! Ich selber habe alles abgelegt, was die Recherchen rund um CERN und die Pyramiden betrifft. Ich muss Ihnen jedoch mitteilen, dass diese weitergeführt werden von meinem ehemaligen Partner, der sich erneut weigerte, sie aufzugeben."*

„Sie wissen ja wohl, wie hier die Vorgehensweise ist, oder? Ist Ihnen eigentlich klar, auf was Sie sich hier einlassen, mein Freund?", erhob er die Stimme, sodass ich auch im Laut seiner Worte den Ernst der Lage ohne weiteres erkannte.

„Nun ja, wie sie wissen, kenne ich Ihren Namen. Wie Sie wissen, kenne ich auch einige andere Anhänger anderer Orden in Ihrem Umfeld. Und wie Sie auch wissen, habe ich sehr, sehr engen Kontakt mit einigen Leuten aus anderen Gesellschaften, die nur allzu gerne wüssten, wer vor drei Jahren die Dokumente der Freimaurerlogen enteignet hat, um sich einen Vorteil als Ordensmitglied der Illuminaten verschaffen zu können."

Ich hörte einige Sekunden kein Wort am anderen Ende der Leitung. Dann hörte ich ein kurzes Lachen aus der Verzweiflung heraus: *„Sie drohen mir?"*

„Nein! Ich bitte Sie um etwas! Um unserer beider Willen."

Die Stimme änderte sich etwas zu meinen Gunsten. *„Ich bin ganz Ohr."*

„Nun ja, ich kenne meinen Kollegen, der dies alles weiterführen will! Und ich weiß auch, wie ernst es Ihnen damit ist! Ich werde für nächste Woche ein Treffen in Salzburg organisieren, wohin mein ehemaliger Kollege kommen wird. Ich will, das Sie ihm deutlich machen, was passieren wird und passieren könnte! Des Weiteren möchte ich Ihnen mit auf den Weg geben, dass ich nicht zögern werde, der Priesterschaft eurer Arbeit einen Besuch abzustatten, falls irgendjemand gröbere Vorgehensweisen in Betracht zieht, observiert oder stalkt. Ich betone nochmals! Hiermit sollte die Sache abgeschlossen sein! Für immer!"

„Also gut, wir haben vorläufig eine Übereinkunft. Sollte sich jedoch irgendwer bei mir melden oder ich höre noch etwas in diesem Zusammenhang, werde auch ich nicht zögern, den Illuminati treu zu werden!"

Er legte auf. Mein Herz raste immer noch wie verrückt. Vor allem, weil ich auch wusste, wie ernst es den Illuminaten sein kann und was diese alles tun würden, um ihre Absichten zu verfolgen. Was auch immer diese sind! So genau wollte ich es ja auch gar nicht wissen. In der Hoffnung, dass diese Dinge nun ihren Abschluss finden konnten, ging ich ins Wohnzimmer, um mich entspannt auf meine Couch zu legen und einzuschlafen. Die Fernbedienung am Tisch half mir in diesem Moment, den richtigen Sender zu finden, um einzusinken in die Welt der Träume.

Als ich am nächsten Morgen um 9 Uhr verschlafen von meiner Couch aufstand, fasste ich als Erstes den Entschluss, mir ein Frühstück herzurichten. Ich ging also in die Küche und bereitete alles Erdenkliche vor – was mich eben ansprach. Eier, Schinken, Brot, Butter und Kaffee. Nach diesem Frühstück ging ich zu meinem Postkasten, in den ich längere Zeit schon nicht mehr geschaut hatte, und stellte fest, dass dieser schon überquoll. Zeitungen, Werbungen, Rechnungen, die ich bezahlen musste und sonstiger Kram, der nicht wirklich lesenswert war. Dann erblickte ich jedoch in diesem Papierhaufen einen Brief in einem verschlossenen Umschlag. Der Absender war aus Rosenheim. Ich fragte mich zunächst, wer mir wohl einen Brief aus

Rosenheim schreiben würde. Dann öffnete ich ihn voller Neugierde und konnte folgende Zeilen lesen:

Hallo, wir, die Gesellschaft der VRIL, wollen dich begrüßen! Der Grund ist keine Drohung, der Grund ist keine Einschüchterung. Der Grund ist folgender: Wir wurden auf Dich aufmerksam, wir beobachten Dich. Hab keine Angst und keine Scheu. Wir wollen kein Leid und urteilen nicht. Aufmerksamkeit und Beobachtung ist unsere Aufgabe im Zusammenhang mit dem Berg, den Du besuchst! Die Quelle, die uns darauf hinwies, dass du dies tust, wird nicht genannt. Sie ist geheim, auch für Dich. Wir werden uns sehen und wir werden uns hören. Suche uns nicht, denn öffentlich ist nur die Wahrheit, geschmiedet vom Kollektiv, das nichts versteht! Agartha der Zugang, wahrhaftig und im Herz. Das Tor vermag sich zu öffnen, der Schlüssel liegt im Herzen! Der Berg als Tor steigt nun empor, den Schutz strahlt er ab, er hat mit großer Umsicht Menschen erwählt. Von Sternen wie Hexen und Bergen und Steinen, von Wesen und Toren und mehr als du weißt! Und du bist darin wie wir bei Dir! Warte ab und gehe weiter! Zu gegebener Zeit werden wir uns Dir zu erkennen geben und die Geschichte zusammen zu Ende weben. Am vierten Mai zur Mittagszeit, in Rosenau!

Mit freundlichen Grüßen, die VRIL

Ich legte den Brief zur Seite und war ziemlich erstaunt über den fast zu perfekten lyrischen Inhalt. Ich hatte des Weiteren das Gefühl, dass ich bezüglich meiner Gedanken über die Erfahrungen, die ich gemacht hatte, bestätigt wurde. Teilte nun diese Gesellschaft meine Einstellungen gegenüber dem Untersberg und Agartha? Wer waren die VRIL wirklich? Gedanken über Gedanken kreisten in meinem Kopf. Gedanken an Geschichten, die man hörte, die im Internet zu finden sind, Geschichten, die herum erzählt wurden.

Nun war ich gespannt, wie sich mir diese Gesellschaft zeigen würde! Vor allem waren mir einige Dinge in diesem Brief nicht geläufig. Die Wesen und die beschriebenen Sterne wie Hexen. Ich konnte hier im Moment noch keine Verbindung erkennen. Ich fragte mich auch, was sie mit dem Satz „*Sie sind bei mir*" meinten. Fragen über

Fragen. Waren auch die Angaben zum Schutz des Berges und die Erfahrungen, die ich am Veitlbruch gemacht hatte, mit dem Schutzpentagramm identifizierbar? Auch wurde mir durch den Brief auch bestätigt, dass ich die Dokumentation mit Herrn Spatz wirklich absagen sollte! Das zeigte mir vor allem der Satz vom Herzen und dem Zugang nach Argatha.

Ich hatte nun auch hierzu meine innere Bestätigung. Ich nahm den Brief und legte diesen zu meinen Dokumenten und Notizen in der Hoffnung, bald Antworten zu finden. Nach meinem Entschluss, die Recherchen ruhen zu lassen – da ich ja auch die Dokumentation nicht mehr weiterverfolgte – kam in mir trotz allem das Gefühl hoch, noch nicht am Ende zu sein. Ständig spürte ich den Drang, nochmals an den Berg zu fahren. Ich wusste jedoch nicht, in welchem Zusammenhang. War es Agartha oder etwas anderes?

Diese Fragen beschäftigten mich zunehmend in den nächsten drei Tagen, in denen ich mehr oder weniger vor mich hin lebte. Und natürlich versuchte ich auch, neue Ideen zu finden, sodass ich schlussendlich Geld verdienen würde! Da ich ja die Dokumentation abgesagt hatte, war nämlich auch die daraus resultierende Geldquelle versiegt! Nach diesen drei Tagen beschloss ich, die Pyramide, die Daniel erwähnt hatte, und Rosenau an dem im Brief der VRIL erwähnten Datum aufzusuchen! Ein kleines Abschlussritual zu der Geschichte, die ich die letzten Wochen erlebt hatte, war mein Ansinnen, diese Pyramide aufzusuchen, ebenso der Freimaurerloge einen Besuch abzustatten, die ja nur 30 Autominuten von der Pyramide entfernt war.

Ich packte also meine Sachen zusammen, die ich immer bei mir trug: Notizblock, Fotokamera und Taschenlampe sowie ein paar andere Dinge, begab mich anschließend zum Auto und fuhr los in Richtung Rosenau. Nach fast zwei Stunden Autofahrt angekommen, blieb ich an dem von mir gegoogelten, beschilderten Parkplatz beim Wanderweg stehen und sah mir die magische Gegend des Waldes an, die mich geradezu umschloss. Ich ging den Waldweg entlang, der ebenfalls sehr gut beschildert war, an der Baumallee entlang, vorbei an

Bäumen und umfangen von einer Magie, die von diesem Wald ausging, so schön, dass ich es kaum beschreiben kann. Zentrierung. Ja, dieses Wort könnte ich verwenden. Zentriert und zugleich vollkommen auf dem Weg zur Pyramide im Wald.

Das Wetter war schön und der Himmel frei von Wolken. Man konnte die feuchte Luft des Waldes und den Tau, der sich gebildet hatte, spüren. Als ich links neben mir eine etwas größere Steinformation sah, blieb ich stehen. Ich betrachtete diesen etwa vier Meter langen und eineinhalb Meter hohen Stein, der eine Runen-Inschrift trug. Er war magisch wie rätselhaft zugleich. Beim Nachdenken, wer diese Inschrift angebracht haben könnte, ging ich nach ein paar Fotos weiter zur Pyramide. Da bemerkte ich plötzlich, wie mir ein Mann folgte. Er sah aus wie ein Wanderer. Dieser blieb auch bei dem Runenstein stehen, wie ich im Gehen bemerkte.

Ohne weitere Gedanken an diesen Wanderer kam ich nach fünf Minuten an der Steinpyramide an. Ich bewunderte die Formation, die auf einem kleinen Hügel angelegt war. Ich erinnerte mich in diesem Augenblick an Daniel und seine Worte zu den Gravitationsfeldern und Erdmagnetismus-Anomalien. Nach ein paar Runden um die Pyramide herum und ein paar Fotos entschloss ich mich, auf die Pyramide hinaufzusteigen. Ich kletterte nun über die Steinstufen auf die Pyramide hinauf und merkte, wie sich mein Gemüt immer mehr gegen mich selbst erhob. Bei jedem Schritt war es, wie wenn ich mehr und mehr in eine Welt abseits der unseren taumelte.

Als ich nach zehn Stufen oben angekommen war, setzte ich mich im Schneidersitz auf die oberste Spitze der Pyramide und wartete, bis sich mein Atem nach dieser kurzen Strapaze beruhigt hatte. Ich schloss kurz meine Augen, um wahrzunehmen und zu fühlen. Gedanken an Dr. Wegers Pyramidennotizen kreisten in meinem Kopf, und ich dachte an all die Erlebnisse zurück, die ich mit dem Professor am Untersberg hatte.

Plötzlich fing die Luft an zu vibrieren. Ich roch Metall, und mein Kopf tat mir weh. Das Lied der Hochzeitsgesellschaft konnte ich ebenfalls wieder hören, wie zuvor bei dem Baum am Berg. Da war ein schriller Ton, der meine Ohren betäubte und ein Gefühl der Lähmung. Blaue Farbe und Wellen wie Punkte. Schwarze Dunkelheit und ein Zucken in meinem ganzen Körper. Herzrasen, Lähmung meiner Beine und ein stechender Schmerz in meiner Schulter. Ich versuchte, meine Beine zu heben und einen Schritt auf der Pyramide zu gehen. Doch sie waren schwer wie Blei, gelähmt wie in einem Traum.

Abb. 6: Ringe der Vril.

Das Geschenk vom Mönch

Nach einigen Versuchen hatte ich es nun geschafft, einen Schritt zu machen. Plötzlich sah ich mich in einer riesigen Höhle stehen, die ich zuvor noch nie gesehen hatte. Prächtige Wände aus Stein und Kristalle überall, wo ich hinblickte. Unter meinen Füßen Steine aus Granit und wilde Steinformationen, wie sie auch in den Bergen zu finden sind. Gebirgsblumen und Anordnungen von Steinen, die rund um die Blumen und Blüten zu sehen waren. Felsen und kleinere Erhebungen. Ich konnte nur ausmachen, dass dies eine sehr große Höhle war. Das Ende konnte ich nicht erblicken und auch nicht abschätzen. Ich sah nur die Wände und die Decke der Höhle und wusste, das nicht im Freien stand.

Als ich mich umblickte in diesem Tal, konnte ich einen Weg ausmachen. Einen Weg, der sich mir zwischen den Steinen zu meiner Linken und der kleineren Wiese zu meiner rechten eröffnete. Ich folgte diesem Weg voller Spannung, wo er mich nur hinführen würde. Während dem Gehen bemerkte ich am Wegrand kleinere Bewegungen in meine Richtung. Ich konnte auch einen Blick erhaschen, der mich jedoch ein wenig zweifeln ließ. Ein Zwerg? Noch nie hatte ich einen Zwerg gesehen – und war dies überhaupt real? Ich konnte, wie beim vorigen Erlebnis, in diesem Augenblick nicht mehr klar denken. Viel mehr war ich erstaunt über die Schönheit der Höhle, die auch sehr hell war, wie wenn eine Sonne im Inneren die Weite und das Tal, in dem ich mich befand, erhellte.

Dem Weg weiter folgend, sah ich an einem etwas größeren Platz nach etwa fünf Minuten eine kleine Ruine, die dort neben dem Wald stand. Ich ging zu dieser Ruine und konnte beobachten, wie sich rechts von mir in einer kleineren Höhle eine Tür aus Stein öffnete. Neugierig ging ich geradewegs drauf zu. Als ich vor der Steintüre stand, kostete es mich eine kleine Überwindung, auch hier hindurchzugehen in das Innere, das ich ja nicht kannte. Ich tat es aber trotzdem, ohne jegliche Erwartungshaltung. Als sich eingetreten war, tat sich eine zweite, kleinere Höhle auf. Wald, Bäche und kleine Hütten, die gerade mal so groß waren, dass ich meinen Kopf hineinstecken konnte.

Während ich diese kleinen Bauwerke voller Erstaunen betrachtete, sah ich plötzlich so etwas wie einen Zwerg, der direkt vor mir stand. Er war ungefähr 80 cm groß und hatte nicht etwa eine rote Mütze auf, wie man das von Geschichten aus der Kindheit kennt. Vielmehr war er eher gekleidet wie ein Hobbit aus dem Film „Herr der Ringe“. Fassungslos stand ich vor diesem vermeintlichen Zwerg und hoffte auf eine Reaktion von ihm.

Ich hatte Angst, den Mund zu öffnen und den ersten Schritt der Kommunikation zu wagen. Der Zwerg sah mich an und kam auf mich zu. Er nahm seine linke Hand und reichte mir einen Stein. Dieser war nicht sonderlich groß, rund und etwa 4 cm im Durchmesser. Ich streckte nun auch meine Hand aus, und er legte mir den Stein in die Handfläche und nickte. Ich sah mir den Stein an und konnte erkennen, dass dieser schwarz-violett war. Kein Amethyst. Nein, etwas was ich zuvor noch nie gesehen hatte. Der Zwerg drehte sich um und wollte gehen. Als ich dies bemerkte, konnte ich nicht umhin, ihm folgendes mitzuteilen: *„Lieber Zwerg, der Stein gehört mir nicht. Wieso gibst du ihn mir?“*

Er drehte sich um und sah mich an. In diesem Augenblick konnte ich die Kraft spüren, die von dem Stein ausging.

„Lieber Zwerg, nein. Ich kann den Stein nicht annehmen. Nimm ihn wieder zurück, er gehört nicht mir!“

Der Zwerg war verschwunden, als ich den Satz beendet hatte. Ich stand vor dem Höhleneingang, wo sich die Steintüre befand und sah bei der kleinen Ruine den Mönch stehen, den ich ganz am Anfang meiner Erlebnisse gesehen hatte. Ich ging mit dem Stein zu diesem Mönch, um ihn zu fragen, was das nun für eine Gabe des Zwerges an mich war. Der Mönch sah mich an und hob die rechte Hand. Er zeigte mir eine Brücke in der Ferne, die ich noch mit bloßem Auge erkennen konnte. Sie war nicht allzu weit weg, vielleicht fünf Minuten zu Fuß.

Eine eher sehr schmale, aber lange Brücke. Ich sah den Mönch wieder an.

„Was ist das für eine Brücke? Wo führt sie hin? Ich will den Stein nicht. Was soll ich damit machen?"

Ich gebe zu, ich war sehr angespannt und voller Fragen. Vor allem konnte ich mich mit diesem Stein nicht wirklich arrangieren. Er war mir zu mächtig und zu schön, als dass ich ihn behalten konnte. Der Mönch ging auf mich zu und sagte mir, dass ich diesen Stein nun als Geschenk erhalten habe. Er betonte, dass ich ihn unbedingt richtig anwenden und auch den Weg gehen sollte, den er mir eben zeigte – den Weg über die Brücke. Ich wurde das Gefühl nicht los, dass ich diesen Stein wieder zurückbringen musste.

„Wie bringe ich diesen Stein zurück? Ich kann ich nicht behalten!"

Der Mönch sagte mir, dass ich, wenn ich auf dem Weg bliebe, den er für mich geebnet hat und ich mit aller Kraft und immer im Herzen bliebe, am Ende des Weges auch den Stein zurückgeben würde. Von mir selbst aus. Er warnte mich vor der Versuchung, diesen Stein für mich einzusetzen. Vor der Versuchung, die allgegenwärtig war. Er betonte, dass dieser Stein sehr große Macht besitzt und diese Macht auch Dunkelheit anzieht, wie eben auch das Licht. Ich erinnerte mich sofort an den Professor, der mir von seinem Stein-Erlebnis in Mexico erzählt hatte.

„Ist der Stein der Schlüssel zu Agartha?"

Der Mönch sah mich wieder an und wiederholte meine Erfahrung mit der Inschrift aus der Geisterhöhle, die ich damals gesehen hatte. Er teilte mir mit, dass ich mit diesem Stein die Macht von Agartha bei mir trage. Jederzeit konnte ich hingehen und in die Zwischenwelt unseres Daseins reisen. Er fasste sich während diesen Erklärungen ans Herz und sagte, dass der Weg ein sehr schmaler sei.

Dann war der Mönch verschwunden. Als ich mich fragend umsah, konnte ich niemanden mehr erblicken. Ich sah nur die Brücke, die er mir als Weg gezeigt hatte. Ich hatte ein so berauschendes Gefühl in diesem Moment! Alles war so selbsterklärend, wie ich es schon beschrieben habe, auch wie der Mönch mir mitteilte: *„Folge dem Herzen nach Agartha, und lasse auf dem Weg alle Dinge der Macht los.“* Beim Nachdenken konnte ich auch feststellen, dass meine Erlebnissen und die Notizen, die ich unter Tränen angefertigt hatte, bestätigten, dass der Mönch tatsächlich Recht zu haben schien.

Der Weg ist schmal und voller Gefahren. Gefahren, wie sie bei den Erlebnissen mit dem General und den anderen haarsträubenden Geschichten, die uns widerfahren sind, lauerten. Ich wusste in jenem Augenblick auch, dass ich eine Aufgabe zu bewältigen hatte. Eine Aufgabe als Geschenk durch einen Stein, den ich bekommen hatte. Es war die Aufgabe, die Schönheit und Vollkommenheit von Agartha zu erarbeiten und mich einzulassen auf das Abenteuer, das mir anscheinend zum Schicksal wurde. Ich ging also auf die Brücke zu, die mir der Mönch gezeigt hatte. Als ich vor der Brücke stand, nahm ich den Stein und hielt ihn mir an Herz. Ich wusste: Wenn ich jetzt über die Brücke gehen würde, würde ich nun wirklich nach Agartha kommen. Ich schloss kurz meine Augen und sagte mir immer wieder in diesem kurzen Moment der Entscheidung, dass ich immer aus dem Herzen handeln und den Stein wieder zurückgeben werde. So, wie es mir der Mönch gesagt hatte. Dann machte ich den ersten Schritt auf die Brücke ...

Als ich meine Augen öffnete, sah ich, dass ich neben meinem Auto lag. Ich hatte Kopfschmerzen und einen Stein in der Hand. Dieser Stein war schwarz-violett. Ich erhob mich aus der Wiese, auf der ich lag und schüttelte den Kopf. Ich betrachtete den Stein, den ich in der Hand hielt, und erinnerte mich an jenes Erlebnis, das ich hatte, nachdem ich auf der Pyramide war – das Erlebnis mit dem Mönch und dem Geschenk, das ich erhalten hatte – den Stein. Der Stein sah genauso aus wie in meiner Erinnerung. Ich fragte mich, was los gewesen war. Ich hatte Angst, vor allem, da ich den Verstand nicht verlieren wollte.

Als ich auf meine Uhr blickte, sah ich, dass es 9:00 Uhr war. Ich war erstaunt und hatte zugleich Panik. Was war mir passiert bei dieser Pyramide? Ich wusste noch, dass ich um 13:00 Uhr dort angekommen war. Mich ließ der Gedanke nicht los, dass ich in eine abstrakte Zeitfalle geraten war. Bei reiflichem Überlegen, um dieses Ereignis zu verstehen, musste ich an die Pyramiden-Zusammenhänge in Dr. Wegers Arbeit denken. Zumindest war dies mein einziger Anhaltspunkt, es im Verstand logisch zu erklären. Dass mich eben diese Pyramide durch ihre Energie in meiner Wahrnehmung taumeln ließ und mir Welten zwischen unseren Welten offenbarte.

Aber warum lag ich nun beim Auto, fragte ich mich. Ich musste mich hinsetzen, um meine Gedanken zu sortieren. Ich kam auf keine logische Erklärung in diesem Zusammenhang. Als mir meine Tasche auf den Boden fiel und ich mich bückte, um sie aufzuheben, sah ich Fußspuren und eine Schleifspur im Schlamm neben meinem Auto. Nun wurde mir bewusst, dass mich irgendjemand hierher gezerrt haben musste. War es der Wanderer, den ich beim Runenstein gesehen hatte? Die VRIL, die mir den Brief geschickt hat? Ich weiß es nicht.

Diese Fragen noch im Kopf, beschloss ich, mich schnell umzuziehen. Zu meinem Glück hatte ich bei meinen Touren immer zwei Paar Hosen und Hemden dabei. Als ich mich umzog, war ich bereits auf den Freimaurerorden in Rosenau eingestellt, zumal dieser ja nur ein paar Minuten von meinem Standort entfernt war. Ich startete also das Auto und fuhr los in Richtung Rosenau. Angekommen beim Schloss, stieg ich aus dem Auto aus und bewunderte die Ausstrahlung dieses Ortes! Wunderschöne Hecken und Steinskulpturen auf dem gepflegten Rasen. Königlich und mystisch wie zentrierend zugleich. Ich folgte dem Weg zum Eingang des Schlosses und bewunderte das riesige Tor beim Eingang. Holzverzierungen überall in der Türe. Als ich über die Schwelle trat, begrüßte mich ein Herr im geschätzten Alter von etwa 40 Jahren.

„Guten Tag, Herr Draft. Bitte folgen Sie mir doch!“

Erstaunt und zugleich beängstigt wollte ich fragen, warum er meinen Namen kannte. Dazu kam ich aber nicht, weil er plötzlich die Stufen hinaufging, die ins oberste Geschoss führten. Ich folgte also dem Herrn, um gespannt zu erfahren, warum er wusste, dass ich eben ich bin. Als ich die oberste Stufe betrat und meinen Kopf hob, erblickte ich einen wunderschönen Saal, der mit edlen Malereien und goldenen Farben verziert war. Ja, Könige und Kaiser waren es. Genauso ein Gefühl kam in mir hoch. Am Ende des Saals stand der fein gekleidete Herr und deutete mit seiner linken Hand zu einer Holztür.

„Bitte sehr. Sie werden schon erwartet."

Ich ging vorsichtig an ihm vorbei und öffnete, wie er mir gesagt hatte, nun die Holztür. Als ich in den etwa 30 Quadratmeter großen Raum eintrat, sah ich, dass acht Menschen anwesend waren, allesamt in Anzug in Krawatte. Ihre Kleidung erinnerte mich an die der Freimaurer, die ich damals zusammen mit dem Professor beobachtet hatte. Die Türe hinter mir fiel zu, und die Männer, die vor einem dunklen Kiefertisch standen, nahmen Platz. An der Stirnseite des Tisches stand noch ein Mann mit einem weißen Schal und weißen Handschuhen.

„Herr Draft. Bitte treten Sie doch etwas näher. Ich heiße Sie in unserer Logenrunde willkommen. Bitte nehmen Sie doch Platz."

Zunächst wusste ich nicht, wie mir in diesem Moment geschah. Voller Angst, Spannung und Adrenalin nahm ich also, wie angeordnet, den Sessel zu meiner Linken und setzte mich an den gewaltigen Tisch. Alle Männer, die sich nun ebenfalls hingesetzt hatten, starrten mich an. Ich war in diesem Moment völlig verunsichert.

„Wir haben Sie schon erwartet. Sie fragen sich nun, warum wir wissen, wer Sie sind und weshalb wir Sie hier erwarteten?"

Mit etwas Angst in meiner Stimme beantwortete ich dem Herrn mit dem weißen Schal:

„Natürlich, ja, ich bin neugierig!"

„Herr Draft, erinnern Sie sich an den Brief, den Sie vor einigen Tagen erhalten haben?“

„Ja das tue ich, jedoch ist dieser von einer VRIL-Gesellschaft, und nicht von den Freimaurern.“

Der Mann antwortete schmunzelnd: *„Ja, das stimmt! Jedoch ist Ihnen entgangen, dass ein guter Freund von Ihnen den VRIL angehört.“*

Ich war erst verblüfft über seine Worte. *„Wer sollte dies sein?“*

Dann ging die Türe hinter meinem Rücken auf und ich musste mich umdrehen.

„Doktor?!“

Ich wollte meinen Augen nicht trauen. Ich sah den entführten Dr. Weger. Er stand vor der verschlossenen Türe und kam auf mich zu.

„Doktor, wie kann das sein? Ich ....“

Mir fehlten für diesen Augenblick zunehmend die Worte.

„Jürgen, die Entführung war vorgetäuscht.“

„WAS ???? Ich habe doch auch in der Zeitung darüber gelesen. Schwarze Männer sah ich in Ihrem Büro.“

„Theater, Jürgen, nichts weiter!“

„Aber warum, um Gottes Willen?“

„Weißt du, Jürgen, durch meine Pyramidenforschungen habe ich einige Leute und Institutionen aufgerüttelt. Die Erkenntnisse, zu denen ich gekommen bin, genauso wie die Forschungen – diese waren nicht nur mein Verdienst.“

Der Mann mit dem weißen Schal sah uns an und sagte: *„Die VRIL, Herr Draft. Wir haben mit dem Doktor die VRIL-Technologie mit den Pyramidentheorien und seinen Ergebnissen weitergeführt. Eine Entführung war notwendig, um einen sehr alten Feind aus unseren Reihen nicht auf die Fährte des Doktors zu führen.“*

Herr Weger führte hinzu: *„Ja, die Illuminaten, Jürgen. Sie waren mir schon länger auf den Fersen. Nun, wie der Ordensmeister schon erwähnte: Es war zum Schutz der Technologie und der Forschungen."*

Ich musste mich in diesem Moment etwas besinnen. Die Informationen, die ich gerade erhielt, waren überzeugend und machten mir Angst zugleich.

„Nun, Professor. Was ist das nun für eine Technologie? Was haben die Pyramiden damit zu tun? Und wer sind denn jetzt die VRIL? Aber die wichtigste Frage: Was spiele ich für eine Rolle in dieser Geschichte, und was ist das für ein Stein?"

Der Doktor antwortete mir: *„Wir nahmen in diesem Brief Kontakt auf mit Dir! Ich selber beobachtete dich, seitdem Du wegen den Notizen und der Dokumentation bei mir im Büro warst."*

Der Ordensmeister der Freimaurer stand nun auf und trat zu mir.

„Herr Draft. Wir, die Freimaurer in Zusammenarbeit mit der VRIL, wohlbemerkt in diesen Zeiten, beobachten sämtliche Geschehnisse rund um den Untersberg. Sie haben auf sich aufmerksam gemacht, als sie mit den Illuminaten die ersten Gespräche führten. Wir wissen um die Kraft des Steines. Dieser war lange Zeit in unserer Logenkammer versteckt. Als wir jedoch erfuhren, dass Sie mit Professor Claras die Forschungen zu Agartha unternahmen ..."

Er redete nicht aus. Plötzlich stand ein Mann vom Tisch zu meiner Rechten auf. Er nahm die schwarze Kapuze vom Kopf, und ich sah erstaunt in das bekannte alte Gesicht, das ich zuletzt im Krankenhaus von Linz gesehen hatte.

„Professor, was in aller Welt ..."

„Hallo, Jürgen. Du wusstest ja von meiner Freimaurertätigkeit. Nun, ich habe mittlerweile den Meistertitel der Loge erreicht, der ich angehöre. Aber zu unseren Agartha-Expeditionen: Diese sind der Kern unserer heutigen Versammlung, in der du eine herausragende Rolle spielst."

Es wurde mir immer nur in verschleierter Form angedeutet, was ich hier nun für eine Rolle innehatte. Erzürnt stand ich auf und wollte nun endlich wissen, was hier los war.

„Jürgen. Du bekamst den Stein von mir“, sagte der Professor.

„Ich dachte, dies sei nur ein Sinnbild, wie du es mir gesagt hattest? Und warum hast du mir den Stein gegeben?“

„Nun ja, ich konnte dir damals nicht sagen, dass dieser Stein der Wirklichkeit entspringt, mein Freund. Vor allem hättest du mir das damals nicht geglaubt.“

„Aber Professor, was war mit deinen Geschichten, die du erzählt hast?“

„Diese waren real und sind Tatsachen. Ich hatte den Verstand verloren und wollte meinem Leben ein Ende setzen, da meine Vergangenheit eben ... naja, ich habe dir das ja erzählt. Aber ich habe Dir den Stein gegeben, damit Du meine Forschungen auf die richtige Art und Weise fortsetzen kannst. Als alter Freund, dem ich so vertraue.“

Als ich diese Worte hörte, war ich so geehrt wie fassungslos zugleich.

„Professor, diese Bürde will ich nicht tragen. Ich weiß um die Macht des Steines und seine Wirkung. Ebenso habe ich Angst, mich in seinem Sog zu verlieren.“

Der Professor unterbrach mich in meinen Erklärungen.

„Jürgen. Ich kenne dich nun schon fast zehn Jahre. Haben wir nicht genügend Abenteuer zusammen erlebt? Haben wir nicht genügend Situationen hinter uns, die mehr als gefährlich und voller schwieriger Prüfungen waren? Ich weiß aus tiefstem Herzen heraus, dass du für diese Aufgabe der richtige Mensch bist. Vertraue deinem Herzen, und der Stein wird dich behüten, sodass Du nicht dieselben Fehler machst wie ich.“

Ich sah nachdenklich zu Boden, und meine Gedanken kreisten wirr in meinem Kopf. Dann fiel mir mein abstruses Erlebnis bei den Pyramiden ein und die Vision, die ich von dem Mönch wie dem Zwerg hatte.

„Professor, Hast du mich bei der Pyramide gefunden?“

„Ja, Jürgen. Du warst kollabiert da oben. Als ich dich da liegen sah, trug ich dich zum Auto und legte dir den Stein in die Handfläche.“

„Professor, ich hatte eine Vision am Berg. Komischerweise waren sehr viele Stunden vergangen. Ich glaube, ich war in einem Zeitloch. Ich weiß es nicht. Auf alle Fälle bekam ich während dieser Vision ein Geschenk. Den Stein eben, den mir ein Untersbergbewohner oder ein Zwerg gab.“

„Nun ja, Jürgen. Das metamorphische Feld wirkt auch bei der Pyramide. Und wie du vielleicht in den Notizen von Herrn Doktor Weger gelesen hast, ist die Pyramide ein Ort, der zu weiteren Dimensionen und dem Unterbewusstsein der Erde führt. Zu Agartha.“

Ich war abermals erstaunt über seine Worte, und mir wurden plötzlich die Zusammenhänge vollkommen klar. Mich beschäftigte jedoch immer noch die Frage, was auf diesem Runenstein zu sehen war.

„Und der Runenstein?“ fragte ich in die Menge der anwesenden Freimaurer.

„Der Runenstein trägt die Inschrift ***Heil Bismarcki.*** *Dieser wurde damals als Gedenkstätte für den deutschen Reichskanzler Otto von Bismarck errichtet. Des Weiteren verweisen die Inschriften mit ihren angeblich falschen Zeichen am Stein Eins nach Sankt Zeno in Bad Reichenhall. Dort wurden in den Symboliken folgende Inschriften in Bezug auf den Untersberg und andere Kraftplätze in Österreich und Deutschland gefunden:* ***Suche im Herzen und finde den Kern der unsrigen in Höhlen aus Gold.****“*

Der Ordensmeister ging nun zu einem Schreibtisch und nahm eine kleine Mappe aus der Schublade. Dann zeigte er mir den Inhalt. Ich erblickte Fotos aus der Kirche in Sankt Zeno sowie Symboliken der Grabplatte und der Templer. Ich war verblüfft über die Verbindung zu der Inschrift, die ich in der Geisterhöhle gesehen hatte.

„Professor, Diese Inschriften sind identisch! Mexico, die Geisterhöhle vom Untersberg und nun hier in Rosenau bei der Pyramide."

„Ja, Jürgen. Das erkannten wir auch. Jedoch hätten wir diese Zusammenhänge ohne deine Hilfe niemals verstehen können. Ich denke, wir wissen um noch mehr Inschriften, und das weltweit. Alles deutet auf Agartha und elementare Veränderungen hin. Transformationen für unsere Welt. Alles, was sich gerade politisch und wirtschaftlich zuspitzt. Diese Erkenntnisse werden von uns aber noch genauer unter die Lupe genommen."

Der Logenmeister mit dem weißen Schal sah mich an und sah auch in die Menge zu den anderen Logenmitgliedern.

„Herr Draft. Sie haben nun die ehrenvolle Aufgabe, den Stein sowie seine Geheimnisse zu tragen und zu erarbeiten. Zum Wohle aller. Nun entscheiden Sie, ob Sie diese Bürde mit uns tragen oder den Stein ruhen lassen wollen."

In mir brodelte es vor Abenteuerlust. Ebenso hatte ich Angst vor Versagen und Angst, diesem Kult nachzugehen. Nach kurzer Überlegung, auch über die Zusammenhänge, die ich mit dem Professor erfahren hatte, hörte ich kurz in meinen Bauch hinein, was mir das Gefühl wohl zu sagen hätte. Danach musste ich folgende Frage stellen: *„Was passiert, wenn ich verneine? Und wie, in Gottes Namen, wusstet Ihr, dass ich heute hier her kommen würde?"*

Der Ordensvorsitzende sah mich an und beantwortete meine Frage.

„Nun, Herr Draft, Wenn Sie verneinen, werden wir Sie auf diesem Weg der Bürde nicht begleiten. Und der Professor hat sich Ihrer schon vor Jahren angenommen, mit den Freimaurergeschichten und der Mystik, die diese begleiten. Daniel, Ihr Projektleiter, schüttete Ihnen den

letzten Tropfen ins Glas und teilte uns mit, dass Sie die Pyramide besichtigten. Für uns war klar, dass Sie auch Rosenau besuchen würden, und zwar an dem in unserem Brief genannten Datum.“

Nach kurzer Überlegung und einem Blick in mein Innerstes wusste ich nun die Antwort, die mir schon auf der Zunge lag. Auch deshalb, weil ich mit solchen Gesellschaften eher nichts zu tun haben wollte. Als ich jedoch den Professor sah, wie mir dieser zuzwinkerte, musste ich meinen Gedanken doch zur Seite schieben. Ich kannte den Professor nun schon so lange. Wir hatten so viele Abenteuer zusammen bestritten, dass ich mich auch diesmal hingab, ihm in seiner Geste, die er mir gerade zu verstehen gab, zu vertrauen.

„Ja, ich nehme die Bürde, die mir anscheinend vor Wochen schon auferlegt worden ist, an.“

Alle Mitglieder am Tisch standen auf, und der Ordensmeister trat an seinen kleinen Altar.

„Nun, so sei es zum Wohle der Überlieferung! Wir schmücken diesen Tag und diese Person mit den Ordensreglements der Freimaurer wie der VRIL und legen zu einem bestimmten Zeitpunkt die Zeremonie der Weihung fest.“

Die Mitglieder klatschten in die Hände und verließen anschließend den Raum der Loge. Der Professor trat an mich heran und legte seine Hände auf meine Schulter. Er blickte sich nochmals um, um sicher zu sein, dass keiner mehr im Raum war, und fing an, mit mir zu reden.

„Jürgen, habe keine Angst! Ich kann diesem Stein nicht mehr länger dienen. Ich bin zu alt. Mein Dasein ist zu Ende, und ich gebe mich der Schöpfung hin, sodass ich Erlösung erfahren werde.“

„Was sprichst du da, alter Freund?“

„Nun ja, Jürgen. Ich habe alle meine Ämter abgelegt in der Loge und habe meinen Nachfolger bestimmt! Der meine Position einnehmen

wird. Und das bist du, mein Freund! Du wirst in der Zeremonie in die Meisterarbeit des Steines eingeweiht werden."

„Du redest, als ob ich mir Sorgen machen müsste."

„Oh nein, mein Freund! Ich reise morgen ab in die Mongolei und trete meine Pension an."

Als er kurz über seine Worte lachen musste, kam ich nicht darum herum, mitzulachen. Als wir zusammen aus dem Raum gingen, drückte er mir ein Stück Papier in die Hand. Ich wusste sofort, dass hier irgend etwas nicht stimmen konnte. Draußen angekommen, beobachtete ich den Professor und war erstaunt über seine Gabe, derartig authentisch ein Theaterstück aufzuführen, als er sich bei den anderen Logenmitgliedern verabschiedete. Da er mir den Zettel in die Hand drückte, wusste ich tief in meinem Innersten, dass dies eben nur ein Schauspiel des Professors war. Nachdem sich der Professor verabschiedet hatte, trat er an mich heran.

„Eine Frage jedoch habe ich, Professor."

„Bitteschön!"

„Ich habe dir von den Hürden erzählt, mein Freund. Was sagst du zu denen?"

„Das, lieber Jürgen, das sind die Hürden, die du gehen musst, um nach Agartha zu gelangen. Nur wer reinen Herzens ist, der vermag das Tor zu passieren."

„Nur, wie erhieltest du Eintritt, Professor? Warst du reinen Herzens?"

„Oh nein, Jürgen. Es gibt auch noch einen zweiten Weg, dorthin zu gelangen! Dieser hängt mit dem Stein zusammen."

„Das heißt, ich habe den Zugangsschlüssel mit diesem Stein?"

„Nun ja, nicht ganz so einfach. Aber im Prinzip schon. Nur sei gewarnt, Jürgen ..."

„Ich weiß, ich weiß. Spiegelung und die Macht des Steins."

Der Professor schmunzelte. *„Lies den Zettel!"* flüsterte er mir leise ins Ohr. Dann verließ er mich.

Als ich im Auto saß, fuhr ich ein paar Kilometer und blieb dann am Waldrand stehen. Voller Spannung nahm ich den Zettel in die Hand, den ich in meine Hosentasche geknüllt hatte, und begann zu lesen.

„Jürgen, Sie werden dich kontaktieren. Folge ihnen und benutze vorerst ihre Werkzeuge! Und denke immer an unsere Erfahrungen und meine Geschichten. Bleib immer in deinem Herzen und suche nicht nach Hinweisen für wissenschaftliche Thesen oder Beweise, denn sonst ergeht es dir wie mir! Ich wurde gezwungen, diesen Weg einzuschlagen! Mein Rücktritt war gelogen und erfunden. Warum, fragst Du dich? Es hängt mit meinen Kindern zusammen. Ich werde nach Frankreich fliegen und werde dich in einem Monat kontaktieren. Mehr will ich Dir im Moment nicht erzählen. Vertrau mir! Falls ich spätestens in einem Monat nicht Bescheid gebe, fahre nach Wien in den 1. Gemeindebezirk zur Bank Austria. Dort befindet sich ein Schließfach, das auf den Namen ‚Claras' angelegt ist. Am 1. September um 14:00 Uhr wird dieses Schließfach für zehn Minuten offen sein! Der Bankdirektor hatte mir das garantiert. Es befindet sich im Keller der Bank. Erwähne meinen Namen beim Direktor, und er wird dich in den Keller lassen. Sei versichert! Wir kommen aus dieser Sache wieder raus. Ich habe schon Vorbereitungen getroffen! Jedoch spiele mit! Und lasse dich nicht einschüchtern! Und vor allem: Bleibe IMMER im Herzen – und vertraue keiner Seele!"

Mir wurde nun mein Gefühl in der Loge bestätigt. Ja, ich konnte dem Professor vertrauen. Ich war erleichtert über seinen Brief und musste aus diesem Grund einmal tief Luft holen. Ich nahm den Stein, den mir der Professor gegeben hatte, in die Hand und legte den Brief zur Seite. Gedanken über das Menschsein kreisten in meinem Kopf und Erinnerungen an den Berg wie den Stein, den ich soeben betrachtete. Glänzendes Schwarz wie violett zugleich. Ich konnte mein Spiegelbild darin sehen. Und mir wurde eines bewusst in diesem Moment:

Alles ist mit allem Verbunden. In einem feinen Netz, das nur mit dem Herzen gesehen und erfasst werden kann. Die Hürden, die ich zu Beginn sah: Vier davon haben wir mit hoher Wahrscheinlichkeit während unserer Bergerfahrungen am Untersberg und den dortigen Ereignissen durchlebt. Wohin mich mein Weg nun auch führen wird – Der Stein ist an meiner Seite, und ich werde weiterforschen für die Steinmagie, die diesen umgibt und die mir auferlegt worden ist. Trotz aller Ängste und Zweifel, Unsicherheiten und fehlendem Glauben an mich selbst.

Diese Dinge legte ich nun ab, um meinen Weg zu gehen, den mir der Mönch und die letzten Ereignisse gewiesen haben! Im Glauben an das Gute wie an alles Weitere, was folgen würde und in der Hoffnung, meinem Herzen immer treu zu bleiben, betrachtete ich diesen geheimnisvollen Stein und legte ihn, begleitet von dem Gedanken an Agartha und die Goldene Stadt, die sich darin wiederspiegelte, behutsam in meine Tasche.

Abb. 7: Grenzmarkierung am Berg (Deutschland/Österreich).

Abb. 8: Der Runenstein.

Schlusswort

Um die Kraft des Unterbergs die wir erfahren durften, ein wenig zu beschreiben, habe ich zwei kleine Geschichten gewählt, die der Spiegelung und der Kraft an diesem Berg nahe kommen.

Der Tempel der 1.000 Spiegel

Es war einmal vor vielen, vielen Jahren in Indien. Da stand mitten im Urwald ein großer Tempel aus purem Gold. Seine Innenwände waren mit 1.000 Spiegeln ausgekleidet, so dass jeder, der in diesen Tempel trat, sich tausendfach wiedersah. Da geschah es einmal, dass ein Hund sich dahin verirrte. Er freute sich über seine Entdeckung und glaubte, nun ein reicher Hund zu sein als er das äußere Gold sah. Er ging hinein in den Tempel der 1.000 Spiegel, aber da sah er sich 1.000 anderen Hunden gegenüber. Er wurde furchtbar wütend, weil die anderen ihm zuvorgekommen waren und fing an zu bellen. Jedoch bellten die 1.000 Hunde gleichermaßen zurück, waren es doch seine Spiegelbilder. Da steigerte sich sein Zorn noch mehr; aber der seiner Gegenüber auch. Seine Wut wurde schließlich so groß, dass sie ihn vernichtete und er tot umfiel. Es vergingen viele Jahre. Da geschah es wieder einmal, dass ein Hund zum Tempel der 1.000 Spiegel kam. Auch er freute sich über seine Entdeckung. Auch er ging hinein, und auch er sah sich 1.000 Hunden gegenüber. Aber er freute sich, dass er in der Einsamkeit Gesellschaft gefunden hatte und wedelte mit dem Schwanz. Da wedelten die 1.000 Hunde zurück, und er freute sich, dass die anderen sich freuten, und die Freude wollte kein Ende finden. Deshalb ging er öfter dahin, um sich zusammen mit anderen zu freuen. Der gleiche Ort, der für den einen ein Ort des Todes war, war für den anderen ein Ort der Freude. – Was du aussendest, kehrt tausendfach zu dir zurück.[5)]

Der unwissende Sohn

Ein König hatte einst einen sehr unwissenden Sohn. Daher rief er die weisesten Lehrer seines Reiches zusammen und befahl ihnen, seinen Sohn in Astrologie, Geometrie, Wünschelrutengehen, Hellsehen und all den andere okkulten Wissenschaften zu unterrichten. Nach einer gewissen Zeit wurde sein Sohn zu einem absoluten Meister in diesen Künsten. Daher beschloss der König eines Tages, seinen Sohn auf die Probe zu stellen.

„Ich halte etwas in meiner Faust. Kannst du mir sagen, was es ist?" Der Prinz ertastete es mit seinen hellseherischen Fähigkeiten und sagte: „Das was du da hältst, ist rund, gelb und hohl." „Stimmt!" sagte sein Vater. „Kannst du mir also sagen, was es ist?"

„Es muss ein goldenes Sieb sein", sagte der Prinz. Der König raufte sich die Haare. „Nein, es ist ein Ring! Du hast alle Zeichen erspürt. Wie kann dir denn nicht klar sein, dass ein Sieb nicht in meine Hand passen würde!"[5]

Die Mystischen Berge sprechen: Ihr seid wie Kinder! Grabt Stollen, sprengt Löcher, sucht Hinweise und versucht alles wissenschaftlich auf Papier zu bringen! Seht aber nicht das, das Geheimnis und die Wahrhaftigkeit die ihr sucht vor euren Augen liegt!

Quelle: Ein Eingeweihter (Der Verfasser will nicht genannt werden)

Kaiser Karl im Wunderberg und der Walser Birnbaum

Zur Heidenzeit hat ein wildes Zwergenvolk den Untersberg ausgehöhlt.

Mächtig dehnen sich seine Hallen und Säle. Grüne Matten breiten sich da unten; wunderbare Blumen blühen hier, und reiche Bronnen fließen.

12 Geistergänge führen aus dem Berg hinaus ins Deutsche Land. In einem weiten Saale, von dessen Marmorwänden Edelgestein leuchtet, thront Kaiser Karl der Große umgeben von Fürsten und Großen, von Scharen tapferer Krieger. Die glitzernde Krone auf dem Haupte und das Reichszepter in der Rechten ruhte auf dem Marmorsessel. Sein weißer Bart, von einem kostbaren Perlenband durchflochten, bedeckt das goldene Bruststück seiner Kleidung und ist zwei Mal um den Tisch gewachsen.

Abb. 9: Karl der Große.

Von Zeit zu Zeit erwacht der Kaiser aus seinem Schlafe. Ein Edelknabe wird dann zum Geiereck gesandt um zu sehen, ob die Raben noch den Berg umkreisen. Ist dies der Fall und bringt der Knabe hier von Kund, so neigt der Herrscher mit leisem Weheruf sein Haupt und er versinkt mit den Seinen wieder in die alte Erstarrung.

Doch wenn 24 Raben, nicht mehr und nicht weniger – wenn des Kaisers Bart drei Mal um den Tisch gewachsen (nach einer anderen Deutung) – dann ist Karls Zeit gekommen.

An der Spitze seiner Heerscharen wird er aus dem Berge hervorbrechen und, da Deutschland in größter Not liegt, gegen den Erbfeind eine blutige Schlacht schlagen auf dem Walser Felde. So reichlich wird das Blut fließen, dass es den Kriegern in die Schuhe hineinrinnen wird. Kaiser Karl aber wird den Kampf siegreich bestehen und nach gewonnener Schlacht auf einem dreifüßigen Schimmel mit der Siegesfahne davon reiten. Der Kurfürst von Bayern aber wird sein Wappenschild an den Birnbaum auf der Walser Heide hängen.

(Hauptlehrer Rabenhofer, 1927)[6)]

Abb. 10: Der Forscher

Bildteil

Abb. 11: Priesterkirche in Griechenland.

Abb. 12: Die Eule.

Abb. 13: In der Ukraine.

Abb. 14: In Fürstenbrunn.

Abb. 15: Der Bach im Berg.

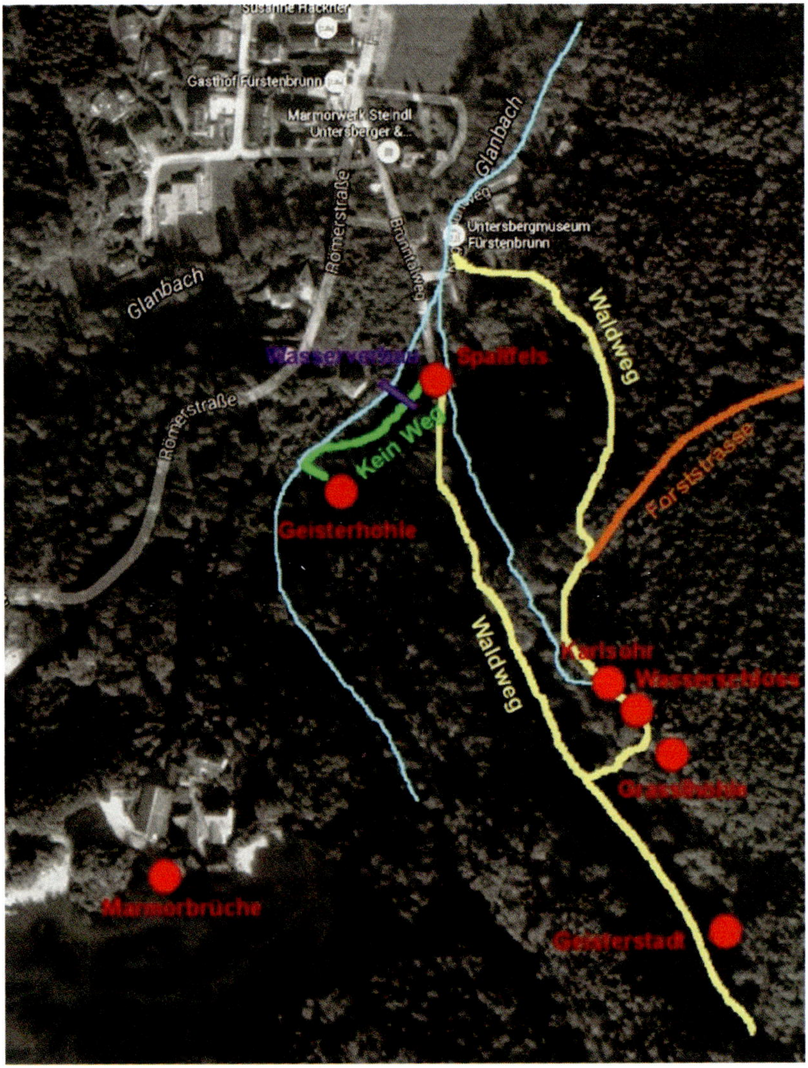

Abb. 16: Kartenrecherchen (Quelle: Google Earth © 2016 Google, © 2009 GeoBasic-DE/BKG, Image © 2016 DigitalGlobe)

Abb. 17: Das Fürstenbrunner Wasserschloss.

Abb. 18: In der Grasslhöhle

Abb. 19: In der Grasslhöhle.

Abb. 20: Das Karlsohr.

Abb. 21: Der Eingang zur Geisterhöhle.

Abb. 22: In der Geisterhöhle.

Abb. 23 u. 24: Am Veitlbruch.

Abb. 25: Am Veitlbruch, plötzlicher Schneefall.

Abb. 26 u. 27: Wesen am Berg.

Abb. 28: Die Freimaurerloge.

Abb. 29: Der schwarz-violette Stein.

Abb. 30: St. Zeno.

Quellennachweise

1)
Vernaleken, Alpensagen 1858, S. 149 f.

2)
Adelbert von Chamisso, Deutsche Volkssagen

3)
Pluto – Die geheimnisvollen Abläufe des Dunklen, von Werner Held (2005)

4) bis 4a)
http://transinformation.net/das-grosse-geheimnis-der-bucegi-berge-i/# (2016)

5)
http://www.lili.at/index.php?option=com_content&task=view&id=143&Itemid=91 (2016)

6)
Sagen, Märchen und Geschichten um Karlstein, Dr. Alfred Dieck, herausgegeben von der Gemeinde Karlstein

Literatur zu den Rätseln der Geschichte dieser Welt und weiteren faszinierenden Themen finden Sie im Verlagsprogramm des Ancient Mail Verlags:

Elisabeth Heiß

Die Pyramide des Templers

Tatsachenroman

ISBN 978-3-95652-143-0, Din A5, Paperback, 157 Seiten, 11 s/w-Fotos, 16 Farbfotos von den Schauplätzen, **€ 14,90**

Der Tempelritter Henri aus Mittelfrankreich wird in den inneren Kreis der Bruderschaft des Tempelritterordens aufgenommen und erlernt dabei Fähigkeiten, von denen er zuvor nie zu träumen wagte.

In der Gegenwart forschen das Pärchen Herbert & Elisabeth über die Tempelritter. Auch sie stoßen auf Ungereimtheiten in deren Geschichte und stellen fest, dass das gegenwärtige Bild über die Templer lückenhaft und verzerrt wiedergegeben wird. Sie fangen an, sowohl die Geschichte der Templer als auch ihre Gegenwart selbst zu hinterfragen und kommen alsbald zur Feststellung, dass die scheinbare Wahrheit im Leben oft eine Lüge ist.

Wie können beide Geschichten aus unterschiedlichen Zeitebenen zusammenfinden? Durch eine gemeinsame spezielle Gabe des Tempelritters Henri und der jungen Frau: der Vision.

Ein Reisebericht in Romanform mit einer sehr persönlichen Note der Autorin, der anders nicht hätte veröffentlicht werden dürfen.

Roland Roth

Die fremde Dimension

Begegnungen mit dem Unfassbaren und anderen Realitäten

ISBN 978-3-95652-116-4, Din A5, Paperback, 223 Seiten, 40 zum Teil farbige Abb., **€ 17,80**

Die Welt des Rätselhaften besteht nicht nur aus Nessie, Big Foot und Co.

Sind Zeitrisse, Dimensionssprünge und merkwürdige Begegnungen real? Sind die unheimlichen Erlebnisse, die manche von uns schon einmal erlebt haben, Belege für die Interaktion von verschiedenen Universen? Sind lebende Tote nur eine Erfindung aus Hollywood? Können Menschen in anderen Dimensionen verloren gehen? Sind seltsame Wesen gar vielleicht aus fremden Welten in unsere Realität gelangt? Haben die zahlreichen Rätsel und Mysterien möglicherweise sogar alle einen gemeinsamen Kern?

Dieses Buch nimmt Sie mit auf einen ausgewählten Streifzug durch diese Welt der Mysterien. Lesen Sie von einem rätselhaften Österreich, vom grausigen Lindwurm, von seltsamen Botschaften und einer phantastischen Vergangenheit. Kommen Sie mit auf eine Spurensuche über kosmische Rätsel und unseren Ursprung, über bizarre Lebensformen in unbekannten Tiefen und fremden Welten. Folgen Sie dem Autor zu einer Achterbahnfahrt der Mysterien und riskieren Sie einen facettenreichen Blick in die phantastische Welt der Realität.

Daniela Mattes, Roland Horn

Der letzte Atlanter

Roman

ISBN 978-3-944198-95-8, DIN A5, Paperback, 95 Seiten, **€ 9,80**

Ein Schiffbrüchiger wird in Afrika angespült und von einem Eingeborenenstamm aufgenommen und gepflegt. Dabei erzählt der Verletzte dem Schamanen eine unglaubliche Geschichte. Denn der Mann stammt aus Atlantis und hat den Untergang der Insel überlebt. Doch er hütet noch ein weit schrecklicheres Geheimnis ...

Daniela Mattes

Das Haus im Moor

Roman

ISBN 978-3-95652-040-2, Paperback, Din A5, 114 Seiten, 12 s/w-Abbildungen, **€ 9,80**

Dagmar Hirsenberg erbt von ihrem verschrobenen Onkel Theo ein altes Haus im Moor – mitten im Naturschutzgebiet. Sie hat vor, mit ihren Freunden dort ein nettes Wochenende zu verbringen, doch die Clique findet sich rasch inmitten eines lebensgefährlichen Szenarios wieder. Im Moor scheint es nicht mit rechten Dingen zuzugehen. Seltsame Wesen, die Hinterlassenschaft eines Alchemisten und eine unglaubliche Raum-Zeit-Anomalie sorgen für Spuk und böse Überraschungen. Mit dem Mut der Verzweiflung richtet sie sich im Moor häuslich ein, um das Geheimnis des Ortes zu lüften und einiges wieder ungeschehen zu machen ...

Nigel Mortimer

Isaac Newton & Die geheime Sonnenuhr

Die Sonnenuhr von Settle –
Portal in eine andere Welt

ISBN 978-3-943565-99-7, DIN A5,
Paperback, 184 Seiten, 48 s/w-Abb.,
3 Farbfotos, **€ 14,90**

In Settle, England, stand einst „die größte Sonnenuhr der Welt", die jedoch plötzlich von der Bildfläche und aus den historischen Aufzeichnungen verschwand. Der Autor vermutet, dass es sich dabei nicht nur um eine Sonnenuhr gehandelt hat, sondern um ein Portal in eine andere Welt, das bereits Isaac Newton gekannt hat.

Auf der faszinierenden Suche nach der Wahrheit um das Verschwinden des Tores begegnen wir UFOs, Geistern, Freimaurern und anderen Gestalten, die sich jedoch nahtlos in die Lösung des Rätsels einfügen – bis hin zur RAF auf Menwith Hill. Hat das Militär etwa bereits die interdimensionalen Tore im Moor von England entdeckt und genutzt?

Das eBook im Ancient Mail Verlag:

Ancient Booklet

Mit dem Ancient Booklet werden Fachartikel sowie vollständige Sachbücher, die bisher nicht mehr erhältlich waren, den Lesern wieder neu zugänglich gemacht. Außerdem umfasst das Angebot vollständige Ausgaben diverser Fachzeitschriften - auch bereits vergriffene. Darüber hinaus werden ständig neue, aktuelle Fachbeiträge und Buchauszüge angeboten.

Ancient Booklets sind erhältlich in den Shops von Amazon, Apple, Libreka, Ceebo, Weltbild und weiteren Anbietern.

Unter dem Stichwort „Ancient Mail" finden Sie in diesen Shops unser gesamtes derzeit erhältliches Angebot, welches wir ständig für Sie erweitern.

Unsere Geschichte ist voller Rätsel –
Wir wollen helfen, sie zu lösen !

Bücher und Informationen zu den Themenkreisen Archäologische Rätsel dieser Welt, Paläo-SETI, Grenzwissenschaften, Sagen und Mythen.

Fordern Sie einfach *kostenlose* weitere Informationen an – per Postkarte, Fax, Telefon oder eMail beim

Ancient Mail Verlag • Werner Betz
Europaring 57, D-64521 Groß-Gerau
Tel. (00 49) 61 52 / 5 43 75, Fax (00 49) 61 52 / 94 91 82
eMail: ancientmail@t-online.de
www.ancientmail.de